Crescer em Comunhão
CATEQUESE DE INSPIRAÇÃO CATECUMENAL

Livro do Catequista

3

Célio Reginaldo Calikoski

Débora Regina Pupo

Léo Marcelo Plantes Machado

Maria do Carmo Ezequiel Rollemberg

Virginia Feronato

Petrópolis

© 2002, 2014, 2021, Editora Vozes Ltda.
Rua Frei Luís, 100
25689-900 – Petrópolis, RJ
www.vozes.com.br
Brasil
31ª edição, 2021

5ª reimpressão, 2024.

Todos os direitos reservados. Nenhuma parte desta obra poderá ser reproduzida ou transmitida por qualquer forma e/ou quaisquer meios (eletrônico ou mecânico, incluindo fotocópia e gravação) ou arquivada em qualquer sistema ou banco de dados sem permissão escrita da editora.

Imprimatur

Dom José Antonio Peruzzo
Presidente da Comissão Episcopal Pastoral para Animação Bíblico-Catequética – CNBB
Bispo referencial da Animação Bíblico-Catequética no Regional Sul II – CNBB
Arcebispo da Arquidiocese de Curitiba - PR
Agosto de 2021

CONSELHO EDITORIAL

Diretor
Volney J. Berkenbrock

Editores
Aline dos Santos Carneiro
Edrian Josué Pasini
Marilac Loraine Oleniki
Welder Lancieri Marchini

Conselheiros
Elói Dionísio Piva
Francisco Morás
Gilberto Gonçalves Garcia
Ludovico Garmus
Teobaldo Heidemann

Secretário executivo
Leonardo A.R.T. dos Santos

Projeto gráfico: Ana Maria Oleniki
Diagramação: Ana Paula Bocchino Saukio
Capa: Ana Maria Oleniki
Revisão gráfica: Francine Porfirio Ortiz
Revisão teológica: Débora Regina Pupo

ISBN 978-65-571-3232-6

Este livro foi composto e impresso pela Editora Vozes Ltda.

SUMÁRIO

Apresentação, 5

Com a palavra, os autores, 7

BLOCO 1 – NÓS SOMOS A IGREJA

1 A Igreja nasceu no coração de Jesus Cristo, 19

2 Nós somos o Corpo de Cristo, 25

3 Juntos edificamos a Igreja de Jesus, 31

4 Maria é mãe da Igreja, 38

Celebração: Maria, exemplo de amor, modelo de serviço – Entrega da Ave-Maria, 43

BLOCO 2 – OS SACRAMENTOS SÃO SINAIS DO AMOR DE DEUS

5 Deus nos dá sinais do seu amor, 51

6 O amor de Deus nos chama para sermos cristãos, 57

7 O amor de Deus nos chama para o serviço, 63

8 O amor de Deus nos chama para vivermos melhor, 68

9 Encontro celebrativo: Jesus quer nos dar água viva, 73

BLOCO 3 – DEUS É MISERICÓRDIA, É PERDÃO, É AMOR

10 O pecado nos afasta de Deus, 81

11 Deus é perdão, 87

12 Deus é amor, 92

13 Encontro celebrativo: Setenta vezes sete , 97

BLOCO 4 – NA COMUNIDADE APRENDEMOS A VIVER O AMOR

14 O amor de Cristo nos uniu!, 103

15 Vamos cuidar da vida, 109

16 Rezemos a uma só voz!, 115

17 Vamos anunciar o Evangelho!, 120

18 Encontro celebrativo: Somos pedras vivas, 125

BLOCO 5 – SACRAMENTOS DA INICIAÇÃO CRISTÃ

19 Batismo, marca de Deus, 131

20 Confirmação, marca do Espírito Santo, 138

21 Eucaristia, marca da união com Jesus, 143

Celebrações

Batismo, mergulho na vida nova em Cristo, 147

Eucaristia, pão que nos une a Cristo e aos irmãos, 153

Jesus, eu te adoro! – Vigília Eucarística com catequizandos e famílias, 157

LISTA DE SIGLAS E ABREVIATURAS, 163

REFERÊNCIAS, 164

Queridos catequizandos,
Prezados pais e familiares,
Estimados catequistas,

Mais uma vez foi revisada a *Coleção Crescer em Comunhão*. Ela lhes chega com o desejo de acompanhar o caminho de fé de crianças e adolescentes. As páginas em suas mãos trazem textos portadores de preciosos conteúdos catequéticos, expostos com cuidados didáticos e muita sensibilidade pedagógica.

Os autores trabalharam com muita dedicação, tendo os olhos fixos em vocês, queridos catequizandos. Ao escreverem, mantiveram a atenção e a sensibilidade à idade, aos interesses, às necessidades e à linguagem própria de quem pode crescer na fé mediante a educação para o discipulado na catequese. Mas também vocês, queridos catequistas, foram lembrados, tendo reconhecidos suas experiências e o anseio de fazer ecoar a Palavra de Deus.

A vocês, prezados pais e familiares, recordo que, em catequese, nada é tão decisivo quanto o interesse e a participação da família. O testemunho de fé que os catequizandos encontrarem em casa, assim como o entusiasmo pela formação catequética dos filhos, farão com que eles percebam a grandeza do que lhes é oferecido e ensinado.

Agora, pronta a obra, chegou o momento de apresentá-la aos destinatários. É um bom instrumento. É um recurso seguro aos que se entregam à catequese. Mas a experiência de fé vem de outra fonte. Vem do encontro com Jesus Cristo. Por Ele, vale a pena oferecer o melhor. Com Ele, podemos *Crescer em Comunhão*.

Dom José Antonio Peruzzo
Arcebispo da Arquidiocese de Curitiba – PR
Bispo referencial da Animação Bíblico-Catequética no Regional Sul II – CNBB
Presidente da Comissão Episcopal Pastoral para Animação Bíblico-Catequética – CNBB

Com a palavra, os autores

Queridos catequistas, com muita alegria apresentamos a *Coleção Crescer em Comunhão – Catequese de inspiração catecumenal*, renovando a esperança e intensificando o desejo de que a Catequese de Iniciação à Vida Cristã possibilite um caminho para despertar, amadurecer e crescer na fé, de acordo com a proposta de Jesus.

A coleção se chama *Crescer em Comunhão*, pois é este o espírito que perpassa a catequese, um permanente crescimento em "comum união" com os catequizandos, com as famílias, com a comunidade eclesial e com Jesus – que é Caminho, Verdade e Vida.

O percurso da Iniciação à Vida Cristã leva em conta a pessoa, o conteúdo, a realidade. É na catequese que deve acontecer a interação mútua e eficaz entre a experiência de vida e a fé. A experiência de vida levanta perguntas que a fé busca responder. A fé propõe a mensagem de Deus e convida a estar em comunhão com Ele, extrapolando toda e qualquer expectativa humana, e a experiência humana é estimulada a abrir-se para essa nova realidade em Jesus.

Para que aconteça de fato a iniciação cristã de forma plena entendemos que alguns aspectos são de enorme importância, assim destacamos que a catequese deve acentuar o primado da Palavra de Deus, envolver a comunidade eclesial, incluir a família e despertar para a dimensão litúrgica.

Desejamos que a catequese seja uma expressão significativa para toda a ação evangelizadora da Igreja e uma das atividades mais fecundas para a renovação das comunidades, capaz de aproximar-se da realidade das pessoas, tornando a Palavra de Deus mais eficaz na experiência cotidiana de cada catequizando e seus familiares.

Sabemos que o melhor manual é o próprio catequista, que dá testemunho de sua fé e as razões de sua esperança em Jesus e em seu Evangelho. Por isso nesta caminhada esperamos que a *Coleção Crescer em Comunhão* possa colaborar na missão de cada catequista de tornar-se verdadeiro discípulo missionário de Jesus.

Nosso reconhecimento e gratidão a todos os catequistas por seu testemunho e entrega ao ministério da catequese como pilar e alimento da fé viva nas comunidades.

Apresentamos a coleção revisada e atualizada com um grande amor à Igreja, na esperança de impulsionar uma nova etapa na vida da catequese e, ao mesmo tempo, na vida de nossas comunidades cristãs, contribuindo com a formação e educação da fé.

COMO ESTÁ ORGANIZADO O MANUAL DO CATEQUISTA

BLOCOS

O livro do catequista é organizado em blocos, um conjunto de temas agrupados sequencialmente para garantir o conhecimento e educação da fé. Cada bloco possui um texto introdutório para apresentar o conjunto de temas nele selecionados. Os temas dos blocos são apresentados por meio de encontros, estruturados da maneira a seguir.

OBJETIVO

É a meta a ser alcançada com o desenvolvimento do tema.

LEITURA ORANTE

É o momento para o catequista se preparar pedindo a iluminação de Deus.

A oração é o combustível para a missão catequética. É nela que encontramos a força para enfrentar os obstáculos, a sabedoria para agir nas diferentes situações. É nela também que encontramos e entramos em comunhão com aquele que é Santo e nos santifica.

A leitura orante levará o catequista a ter intimidade com o tema que será apresentado aos catequizandos em cada encontro. Eis os passos para praticá-la:

- **Leitura atenta do texto:** Este momento é para conhecer e amar a Palavra de Deus. Ler lentamente o texto, saboreando cada palavra ou frase. Ler uma vez, silenciar um pouco, ler uma segunda vez. Fazer um momento de silêncio interior, lembrando o que leu, pois o silêncio prepara o coração para ouvir o que Deus tem a falar.

- **Meditar a Palavra:** Atualizar a Palavra, ligando-a com a vida. Algumas questões auxiliam: O que o texto diz para mim, para nós? Que ensinamento o Senhor quer nos dar?

- **Respondendo a Deus pela oração:** Neste momento nos dirigimos a Deus, nos perguntando: O que o texto me faz dizer a Deus? Pode ser um pedido de perdão, porque a Palavra nos levou ao reconhecimento de que não estamos vivendo fielmente ou cumprindo o que Ele pede. Pode ser um louvor, uma súplica, um agradecimento. A oração deve brotar do coração tocado pela Palavra.

- **Contemplação:** Neste momento relemos o texto e nos colocamos diante da Palavra acolhendo-a em nosso coração e escolhendo uma frase ou palavra que nos ajude a olhar a vida, as pessoas e o mundo como Deus olha. Depois formulamos um compromisso. A Palavra de Deus nos aponta um caminho novo de vida, algo que precisamos mudar.

FUNDAMENTAÇÃO PARA O CATEQUISTA

Trata-se de um texto no qual o catequista encontrará subsídio teórico sobre o tema e o texto bíblico. É o momento de fundamentar-se de modo a estar preparado para o encontro.

O ENCONTRO

Nossa escolha metodológica para o desenvolvimento dos temas nos encontros catequéticos é inspirada no Evangelho de Lucas 24,13-35. Trata-se da passagem que relata a experiência dos "Discípulos de Emaús". O texto aponta para a dimensão da experiência do encontro com Jesus Cristo no caminho, na vida, na Palavra e na celebração. E como esse encontro leva a retomar o caminho e a partilhar com os outros o que se vivenciou, sua finalidade última é despertar para a missão. Os discípulos, ao realizarem uma experiência nova, o encontro com o Ressuscitado, voltaram pelo mesmo caminho, mas com um novo horizonte, tanto para a vida como para a missão.

O encontro está estruturado de forma a ajudar o catequista na sua organização. Para isso é preciso observar os elementos a seguir.

MATERIAIS

Propõe os recursos que o catequista vai precisar para desenvolver o encontro.

PARA INICIAR O ENCONTRO

É o momento de acolhida e apresentação do tema a partir do texto introdutório do livro do catequizando.

CRESCER COM A PALAVRA

Apresenta o texto bíblico com reflexões e ações para o catequizando realizar em grupo ou individualmente.

No decorrer dos encontros catequéticos é fundamental favorecer o encontro pessoal com o Cristo vivo do Evangelho e o aprofundamento constante do compromisso de fé. A catequese não se trata de um simples ensino, mas da transmissão de uma mensagem de vida. A educação da fé sempre supõe transmitir aquela vida que o Cristo nos oferece, principalmente através das vivências que o catequista realiza com os catequizandos e suas famílias.

A catequese deve partir da vida, da realidade, e ser iluminada pela Palavra de Deus. É o momento do anúncio da mensagem e de colocar o catequizando diante de Deus, de confrontá-lo com a fé. Neste confronto, ele próprio descobrirá a ação de Deus Salvador na sua realidade e irá se abrir para uma leitura nova da Palavra de Deus à luz dos acontecimentos.

Sendo a Bíblia o livro da fé, o catequizando e sua família devem ser orientados a realizar o contato diário e desenvolver uma familiaridade profunda com ela. Um elemento importante para isso é a leitura orante da Palavra de Deus no esforço de promover a interação entre o ontem e o hoje, a fé e a vida.

CRESCER NA ORAÇÃO

A dinâmica da oração sempre vai ter relação com o texto bíblico e com o tema do encontro. Ela vai levar o catequizando a refletir sobre o que está estudando.

Os encontros catequéticos precisam ser celebrativos, simbólicos e orantes. O catequista acompanha e conduz catequizandos e famílias para a experiência de fé (cf. DC, n. 113b). Assim, ele deve se preocupar em fazer o catequizando crescer na vida da oração, pela força do Espírito e seguindo o Mestre Jesus.

A oração abrirá espaço para a interiorização e vivência profunda do encontro com Cristo em resposta à Palavra. Favorecerá também a participação litúrgica na comunidade.

CRESCER NO COMPROMISSO

Propõe como compromisso uma ação a ser realizada pelo catequizando sozinho ou com a sua família. Esse compromisso está em sintonia com o tema e com o texto bíblico.

A experiência de fé se traduz em ações concretas de testemunho, em vivência transformadora. As ações propostas em cada encontro ajudam a assimilar, expressar e levar para a vida o que foi refletido. Lembramos que as ações transformadoras são lentas e exigem perseverança.

A espiritualidade do catequista é a atitude de quem mergulha dentro dos fatos para descobrir neles a presença ativa e transformadora da Palavra de Deus, procurando comprometer-se com essa Palavra em sua vida.

COMO ESTÁ ORGANIZADO O MANUAL DO CATEQUIZANDO

O livro do catequizando também está organizado em blocos, tendo um conjunto de temas que ajudam no conhecimento e na educação da fé, sistematizados em encontros. O objetivo dos blocos é articular os conteúdos em torno de uma mesma temática e ajudar o catequizando a perceber as correlações entre eles no processo de sua formação e educação da fé.

O objetivo de todo o processo catequético é levar os catequizandos e suas famílias a um encontro íntimo e pessoal com Jesus Cristo. A realização dos encontros contribui para este processo e necessita de temas organizados sistematicamente numa sequência crescente de conteúdos e ações. Para isso é importante considerar a relação entre: PALAVRA (vida e Palavra), ORAÇÃO (celebração) e COMPROMISSO (ação). Nesta perspectiva o livro do catequizando está estruturado de modo que suas partes sejam interdependentes.

O ENCONTRO

O encontro está estruturado da seguinte forma:

TEXTO INTRODUTÓRIO

Compõe-se de um texto que introduz o tema a ser refletido e rezado no decorrer do encontro.

CRESCER COM A PALAVRA

Deus se comunica conosco mediante sua Palavra, que é sempre atual e atuante na vida. Diante das situações que nos cercam, portanto, precisamos recorrer a ela com atitude de escuta e acolhimento, a fim de discernir o que Deus está nos dizendo, o que Ele quer de nós, para onde quer nos conduzir.

Neste momento do encontro é desenvolvida a relação da vida com a Palavra (texto bíblico) segundo orientações de como fazê-la e de como proceder para favorecer ao catequizando a aprendizagem do conteúdo.

A atitude de escuta diante de Deus e de sua Palavra permite que Ele conduza, com seus ensinamentos, a vida de cada catequizando. Sendo assim, a leitura da Bíblia não pode faltar nos encontros. Na Bíblia estão narrados o encontro e o relacionamento de Deus com a humanidade, com a finalidade de levá-la à comunhão com Ele. A Bíblia narra a entrada de Deus na vida do ser humano, assim como a entrada do ser humano na vida de Deus.

CRESCER NA ORAÇÃO

Momento de promover um diálogo profundo e íntimo com Deus, colocar-se, em silêncio, diante d'Ele para ouvir tudo o que tem a dizer. O modelo de oração que nos inspira é a atitude de Maria diante de Deus: "Faça-se em mim segundo a sua Palavra" (Lc 1,38). A oração nasce da experiência dos problemas e das alegrias reais da vida, levando-nos à comunhão e a um compromisso com Deus.

Sugerimos várias formas de oração: louvor, ação de graças, súplica, pedido de perdão, preces formuladas, cantos, recitação de salmos e versículos bíblicos, ou mesmo de forma espontânea, segundo aquilo que o Espírito Santo sugere a cada um. É necessário que a oração não seja apenas para pedidos individuais, pessoais, mas que se tenha em mente o aspecto comunitário.

CRESCER NO COMPROMISSO

É o momento das reflexões e orientações de como agir de acordo com o tema e o texto bíblico. Neste momento, em muitos casos, as ações propostas são articuladas para que os catequizandos as realizem com seus familiares, pois a catequese será eficaz e atingirá os seus objetivos se acontecer na vida familiar.

A família é e sempre será a primeira escola de fé, porque nela o testemunho dos pais e responsáveis expressa mais que qualquer outra palavra, gesto ou imagem. Não há melhor forma de catequizar do que as atitudes realizadas pelos pais, que são percebidas, entendidas e assimiladas com interesse, curiosidade e amor pelos filhos. A família, com seu testemunho vivo e diário de fé, é a fonte necessária para uma evangelização que vai formando pessoas novas para um mundo novo que exige posturas novas, visando sempre à concretização do Reino de Deus entre nós.

CELEBRAÇÕES DE ENTREGA E ENCONTROS CELEBRATIVOS

Nos manuais da *Coleção Crescer em Comunhão* apresentamos celebrações de entrega e encontros celebrativos.

Tanto as celebrações quanto os encontros celebrativos têm como objetivos aprofundar a mensagem apresentada no decorrer dos encontros e ser uma experiência de iniciação orante dos conteúdos. É um momento no qual catequista e catequizandos se unem a Cristo para louvar, suplicar e escutar a Palavra.

BLOCO 1

NÓS SOMOS A IGREJA

1 A Igreja nasceu no coração de Jesus Cristo

2 Nós somos o Corpo de Cristo

3 Juntos edificamos a Igreja de Jesus

4 Maria é mãe da Igreja

Celebração
Maria, exemplo de amor, modelo de serviço – Entrega da Ave-Maria

A Igreja foi preparada na história do povo de Israel e na Antiga Aliança. Nos últimos tempos, foi manifestada pela efusão do Espírito Santo, que suscita a comunhão de fé, esperança e caridade, que é a raiz do compartilhar cristão. O Espírito Santo leva as pessoas a se reunirem e se constituírem como Igreja (cf. At 1,12-14), dando ânimo, força e capacidade de compreensão a todos.

Para continuar a missão recebida de Jesus, a Igreja deve ser uma comunidade viva, presente e atuante. Nós somos essa comunidade viva, e o nosso Batismo é a porta de entrada na Igreja. Como somos pessoas diferentes, ela é enriquecida e fortalecida pela diversidade de dons e carismas de todos os seus membros, que contribuem na e com a Igreja para que Cristo seja conhecido e amado sempre mais.

Jesus, na cruz, entregou sua mãe a João, o discípulo amado, que ali representava a Igreja, e entregou João (isto é, a comunidade) à Maria. Assim, Maria, fiel colaboradora no plano de Deus, é a mãe da Igreja, mãe de cada um de nós.

A IGREJA NASCEU NO CORAÇÃO DE JESUS CRISTO

1

Objetivo

Compreender a Igreja como comunidade dos seguidores de Jesus que colabora com o Reino de Deus.

LEITURA ORANTE

- Reze o texto: Mt 16,13-18.

- Reflita: Você se sente consciente da sua pertença à Igreja para colaborar com o Reino de Deus?

- Conclua esse momento agradecendo a Deus pela Igreja e pedindo a luz do Espírito Santo sobre nossos pastores, para que conduzam com sabedoria o povo de Deus.

FUNDAMENTAÇÃO PARA O CATEQUISTA

A palavra *igreja* significa "convocação" e indica a assembleia dos convocados para formar o povo de Deus, Corpo de Cristo, participantes da Eucaristia.

A Igreja é projeto de Deus e foi instituída por Jesus Cristo (cf. CIgC, n. 777-778). Ele instruiu os doze apóstolos para que continuassem sua missão (cf. Mt 28,16-20), e com eles nasceram as primeiras comunidades cristãs (cf. At 3,11-23), formadas e sustentadas pelos ensinamentos do Senhor, que continuava vivo no meio do povo.

Ouvir e aceitar Jesus (cf. Lc 10,16) exige aceitar sua Igreja, que tem uma história de mais de dois mil anos, doutrina e normas bem definidas, e uma hierarquia com raízes no mandato do próprio Jesus ao fazer de Pedro o responsável por sua comunidade (cf. Mt 16,13-19).

A Igreja é chamada a ser instrumento e sinal do Reino pelo anúncio do Evangelho e pela denúncia do pecado. É o povo que faz visível a missão da Igreja; cada pessoa, chamada a testemunhar sua fé no dia a dia, aprende, na comunidade, a viver como cristão consciente para tornar o mundo mais justo e fraterno.

Para ajudar a Igreja a realizar sua missão, Jesus apontou o que deveria orientá-la: a relação de amor, união e identificação entre Ele e a Igreja (cf. Jo 14,18; Jo 15,1-6; Lc 10,16); a necessidade de união entre os discípulos (cf. Jo 17,23); o anúncio de seu Nome e a continuação de sua obra no mundo (cf. Jo 20,21; At 1,8); a força do Espírito Santo impulsionando a Igreja a continuar sua obra (cf. Jo 14,26); a sua presença na Igreja (cf. Mt 28,20).

Na Igreja Católica existe uma distribuição das tarefas para realizar a missão:

- O **Papa**, sucessor de Pedro e bispo de Roma, é o maior líder e responsável pela Igreja Católica em todo o mundo.

- Os **bispos**, sucessores dos outros apóstolos, colaboram com o Papa cuidando do povo de Deus nas dioceses. São responsáveis pelo ensino da Palavra de Deus, pela celebração dos sacramentos e pela animação e organização dos carismas e ministérios da Igreja local.

- Os **padres** (sacerdotes ou presbíteros) colaboram com os bispos nas paróquias.

- Os **diáconos permanentes** auxiliam bispos e padres no socorro aos necessitados, nas celebrações e na pregação da Palavra de Deus.

- Os **leigos**, grande maioria dos membros da Igreja, são chamados a evangelizar e a colaborar concretamente com ela, seja como catequistas, seja na Liturgia, seja participando de movimentos e Pastorais, como grupos de jovens, Pastoral Familiar, Pastoral da Saúde, entre outras.

- Os **religiosos** consagram sua vida ao serviço do Reino e trabalham com um carisma específico: oração, educação, catequese, saúde, comunicação.

A Igreja apresenta atributos ou características importantes e essenciais para sua missão:

- É **una** porque tem uma só origem, que é o Pai; um só fundador, que é o Filho; e uma só alma, que é o Espírito Santo. Essa unidade da Igreja é percebida na profissão de uma única fé, na celebração de um mesmo culto e na sucessão apostólica (cf. CIgC, n. 815).
- É **santa** porque Cristo a amou como esposa e entregou-se na cruz para santificá-la, unindo-a a si como seu Corpo e concedendo-lhe o dom do Espírito Santo (cf. LG, n. 39).
- É **católica**, isto é, universal, presente onde fiéis seguidores do Evangelho estão em comunhão com o Papa (cf. LG, n. 13).
- É **apostólica** porque foi constituída sobre o fundamento dos apóstolos (cf. Ef 2,20; At 21,14), conserva e transmite suas palavras e continua a ser ensinada e conduzida por eles, por meio dos bispos, auxiliados pelos padres, em união com o Papa (cf. CIgC, n. 857).

A Igreja não existe se a compreendermos como uma organização formada por funcionários e pessoas que usam seus serviços. Ela é lugar da presença de Deus no mundo, constituída por todos os batizados, um povo de santos e de pecadores. Igreja é aquilo que nós, seus membros, dela fazemos. Por isso cada católico deve estar comprometido na e pela Igreja, disposto a descobrir como pode, com ela, construir uma sociedade realmente de acordo com o Evangelho (cf. DOCAT, n. 313).

O ENCONTRO

Este tema é vasto, com vários aspectos que devem ser explorados com os catequizandos para alcançar o objetivo pretendido. Nossa sugestão é que sejam realizados dois encontros, em sequência, para apresentar e trazer à discussão do grupo o tema Igreja.

MATERIAIS

- ✓ Fotos de catedrais, da sua paróquia e de outras paróquias e capelas da diocese.
- ✓ Providencie: canetinhas coloridas, folhas de cartolina e palitos de sorvete.

PARA INICIAR O ENCONTRO

- Explore o que os catequizandos conhecem sobre a Igreja. Procure identificar, na opinião do grupo, o que as pessoas buscam na Igreja.

- Mostre as fotos da catedral e das paróquias da diocese. Deixe que o grupo diga o que conhece sobre cada uma e como acha que estão ligadas umas às outras.

- Leia a introdução do livro e diga que neste encontro irão descobrir o que Jesus fez para que sua missão continuasse. Convide-os, então, a conhecer a Igreja.

CRESCER COM A PALAVRA

- Explore o texto que introduz a reflexão sobre a Palavra. Depois, convide para a leitura do texto bíblico: Mt 16,13-18.

- Oriente o grupo a fazer uma pequena dramatização do texto bíblico, motivando para que imagine os personagens, suas palavras e atitudes, para facilitar a compreensão.

- Comente que seguir Jesus implica ouvir seus ensinamentos. Diante da resposta de Simão, Jesus o escolhe para ser o primeiro líder da sua Igreja e o chama de Pedro.

- Explique que quando nos referimos ao edifício, ao templo, comumente falamos igreja (com letra minúscula); mas Jesus pensava nas pessoas, e não no lugar onde elas se reuniriam. Por isso dizemos que Igreja (a instituição, com letra maiúscula) é o encontro de pessoas que foram chamadas por Deus e aceitaram seguir seu Filho Jesus, assumindo o compromisso de trabalhar pelo Reino.

- Explore a ilustração e a frase que nela aparece no início do texto: *A Igreja nasceu no coração de Jesus; veio da sua vontade de que todos sejam irmãos que se amam, se ajudam e procuram fazer a vontade do Pai como Ele fez.*

- Motive o grupo a refletir: Para que serve a Igreja? Comente, a partir das opiniões dos catequizandos, que muitas pessoas pensam que ela existe apenas para rezar e participar da missa como obrigação. Mas a Igreja existe para servir o povo e construir uma sociedade mais justa, fazendo o que Jesus fazia. E Ele sabia que esta não seria uma tarefa fácil.

- Leia e comente a motivação para a atividade 1, depois ajude o grupo a completar os versículos indicados. Neles estão pistas preciosas sobre como Jesus ajuda a Igreja a realizar a missão recebida.

- A partir dessa atividade, comente que as pistas de Jesus nos ajudam a compreender o que Ele espera de nós e da sua Igreja.

- Peça que os catequizandos conversem sobre a frase da atividade 2: *Nós somos a Igreja, e Jesus conta com cada um de nós!* Em seguida, motive uma partilha do sentimento que ela despertou em cada catequizando.

- Na atividade 3, reforce algumas ideias partilhadas pelos catequizandos e faça um convite para que respondam a Jesus. Cada catequizando irá completar, na sequência da frase do livro, por que Jesus pode contar com ele.

- Comente que toda instituição ou empresa, por envolver muitas pessoas e tarefas diferentes, precisa ter alguém que coordene ou lidere. A partir desse comentário, leia o parágrafo sobre a hierarquia da Igreja no livro do catequizando. Fale sobre Pedro, que Jesus indicou como líder dos seus, e sobre a necessidade de uma hierarquia na Igreja – ou seja, sobre uma distribuição ordenada das tarefas a serem realizadas. Recorde o mandamento do amor deixado por Jesus, conforme está apresentado no livro. Se for adequado, pode recordar que Jesus mostrou seu amor pela humanidade fazendo-se servo de todos. Associe o serviço à participação de cada pessoa na Igreja – o que deve mover é o amor.

- Comente a ilustração dialogando sobre como é constituída a Igreja e explicando a organização de sua hierarquia. Chame a atenção para o fato de que o Papa – líder maior – tem mais responsabilidades na Igreja, mas, assim como os leigos, religiosos, presbíteros e bispos, é alguém que está a serviço, assumindo o chamado para conduzir o povo de Deus.

- Na atividade 4, ao solicitar a observação da ilustração, ajude os catequizandos a descobrirem como está constituída a Igreja. Os diferentes grupos devem ser identificados nos círculos que estão após a ilustração, de acordo com suas cores: círculo branco, leigas e leigos; círculo verde, ministros ordenados, religiosas e religiosos; círculo vermelho, bispos.

- Na atividade 5, comente que a Igreja tem algumas características importantes (atributos) que nós devemos conhecer para compreender que ela é vontade de Deus. Explique as características da Igreja – una, santa, católica e apostólica –, explorando o sentido de cada uma dessas palavras para facilitar a compreensão. Para concluir, os catequizandos deverão escrever, em cada coluna, qual a característica correspondente.

- Mostre mais uma vez as fotos das igrejas, apresentando um pouco da história da diocese. Comente que as paróquias estão em comunhão com o bispo local e as dioceses estão em comunhão com o Papa.

CRESCER NA ORAÇÃO

- A Igreja precisa das orações de todos nós para continuar a ser presença de Jesus entre os homens e conduzir a todos no caminho do Pai. Motive para a oração, conforme sugestão no livro – quatro catequizandos dizem as preces e todos juntos respondem.

- A oração do Pai-nosso, ensinada por Jesus, é a oração do cristão que ouve o chamado do Pai e se alegra em seguir Jesus na comunidade. Conclua, então, rezando juntos o Pai-nosso.

CRESCER NO COMPROMISSO

- Comente a frase do Papa Francisco sobre a família e a Igreja. A família é chamada a ser Igreja doméstica, fiel aos ensinamentos de Jesus Cristo, escola de oração, experiência de comunhão, perdão e amor fraterno. A Igreja é chamada a ser família de famílias, sustentada pela Palavra, pela Eucaristia e pelo amor.

- É proposta uma experiência de oração na família: os catequizandos, com seus pais, irão escrever uma oração agradecendo a Deus por sua família e pela comunidade-Igreja que os acolhe e da qual participam. Cada catequizando irá escrever a oração no espaço indicado em seu livro e, também, deverá trazê-la em uma folha no próximo encontro. Lembre-se, então, de recolher e fazer uma pequena exposição com as orações das famílias. Procure destacar algumas palavras ou expressões que aparecem nas orações.

NÓS SOMOS O CORPO DE CRISTO

2

Objetivo

Reconhecer que a Igreja é enriquecida pela diversidade de seus membros e está intimamente unida a Jesus Cristo.

LEITURA ORANTE

- Reze o texto: 1Cor 12,12-20.
- Reflita sobre seu testemunho de "ser Igreja": Você transmite aos seus catequizandos a alegria de fazer parte da sua comunidade? Valoriza o serviço de todos na comunidade?
- Peça a Deus a graça de ser fermento em sua comunidade, trabalhando em união com todos para o crescimento da Igreja de Jesus Cristo.

FUNDAMENTAÇÃO PARA O CATEQUISTA

Na Carta aos Coríntios, São Paulo ensinou sobre a organização da Igreja de Jesus Cristo e sobre como os dons recebidos do Espírito Santo devem ser usados em favor de todos. Paulo comparou a Igreja a um corpo que deve funcionar em harmonia e com equilíbrio. Essa comparação destaca a intimidade com Jesus: a Igreja não existe apenas reunida em torno do Senhor, mas unificada em seu Corpo (cf. CIgC, n. 789). Cristo é a cabeça desse corpo e, como não existe corpo sem cabeça, a Igreja sem Cristo perde sua razão de existir.

No corpo humano, os membros têm funções diferentes; são todos indispensáveis e devem estar bem para que o corpo funcione corretamente – mesmo nos gestos mais simples, muitos membros trabalham juntos. Essa imagem ajuda a compreender a corresponsabilidade de todos os membros da Igreja: cada um recebe dons e talentos de Deus para colocar a serviço do Reino, trabalhando em comunhão na obra da Igreja (cf. Rm 12,4s).

Vejamos o que existe na Igreja que se assemelha ao corpo humano:

Unidade: somos chamados a trabalhar juntos para sustentar a missão da Igreja, unidos pela fé em Jesus Cristo e ajudando-nos uns aos outros. É na unidade que o Senhor ordena a vida para sempre (cf. Sl 132(133)).

Diversidade: Deus nos chama a viver na unidade, respeitando as diferenças. Cada membro tem função própria, que não se confunde nem atrapalha o outro, e todos contribuem para o bom funcionamento do corpo. A diversidade de membros fortalece o corpo, pois um completa e amplia o trabalho do outro; na Igreja, a diversidade garante uma maior vitalidade missionária (cf. DAp, n. 162).

Dependência: os membros do corpo são interligados e juntos formam um todo; nenhuma parte é dispensável ou autossuficiente. Os membros da Igreja devem ser conscientes da dependência e necessidade uns dos outros (cf. Rm 12,4-8; Ef 4,11-16), além de desenvolver os dons recebidos em complementaridade com os dons dos outros, formando o único Corpo de Cristo.

Ser cristão é viver em união com Jesus e com sua Igreja (cf. 1Cor 12,12s). É preciso estar unido a Jesus, pois sem Ele não podemos fazer nada. É em comunhão com os outros membros da Igreja que vivemos a nossa fé e crescemos em nossa vida cristã.

O ENCONTRO

MATERIAIS

- ✓ Recorte em papel o contorno do corpo humano e, também, das várias partes que o compõem – por exemplo, pernas, braços, pés, mãos, boca, olhos, coração, pulmões. Caso necessário, pesquise na internet exemplos de moldes do corpo.
- ✓ Coloque em uma caixa as partes recortadas e, em outra caixa, o contorno do corpo.

PARA INICIAR O ENCONTRO

- Pergunte o que sabem dizer sobre o corpo humano. Explore quais as partes bem visíveis (como olhos ou pés), menos visíveis (como língua ou dentes molares) e não visíveis (como coração e pulmões) do corpo, questionando como elas dependem umas das outras.
- Diga ao grupo que neste encontro irão conhecer mais sobre a Igreja.
- Destaque, com a leitura do texto introdutório, a beleza e a importância da diversidade para a Igreja.
- Explique que existem algumas maneiras de representar a Igreja para ser mais fácil compreendê-la. Uma dessas maneiras foi apresentada por São Paulo, que comparou a Igreja ao corpo humano.

CRESCER COM A PALAVRA

- ✝ Leiam juntos o texto bíblico: 1Cor 12,12-20. Pergunte: Qual versículo mais chamou atenção? Por quê? O que compreenderam do texto?
- ✝ Explique que São Paulo usou a comparação ao corpo humano para mostrar que todas as pessoas são chamadas a colaborar com a Igreja, de modo que ela possa cumprir a sua missão de anunciar e testemunhar o Evangelho.
- ✝ Explore os elementos da ilustração: a cruz no alto da igreja; o sacerdote à entrada da igreja; a diversidade de pessoas, todas caminhando para a igreja.

- ✝ Diga que irá usar o corpo humano, suas partes e seu funcionamento para que todos compreendam o que é a Igreja e como é importante a nossa participação nela, conforme a comparação feita por São Paulo.

- ✝ Mostre a caixa com as partes soltas de um corpo: são todas independentes, embora estejam em um mesmo lugar. Utilizando essas partes soltas e o recorte do corpo, explique o significado dos três aspectos da Igreja: unidade, diversidade e dependência.

- ✝ Conclua o comentário de cada aspecto reforçando o que dizem as frases referentes a cada um deles.

> **Unidade:** os membros de um corpo estão juntos (recorte do corpo). Se não estiverem unidos, não comporão um corpo (partes soltas do corpo). Um membro sozinho não é um corpo – apresente uma parte qualquer do corpo e questione: Sozinha, ela pode realizar todas as funções do corpo? Essa unidade existe também na Igreja. Leia e comente: "Os membros da Igreja estão unidos entre si e à Igreja, e cada um deles colabora para a missão dela".

> **Diversidade:** no corpo, todos os membros têm uma função diferente, sem atrapalhar uns aos outros. Mostre o recorte do corpo e pergunte: Qual a função da boca, do coração, dos pulmões, dos cílios? Em um corpo sadio, todas as partes são indispensáveis e não há uma mais importante do que as outras. Todas as funções são diferentes e necessárias. Leia e comente: "Para que a Igreja cumpra sua missão, são necessários muitos membros para realizar todas as suas ações no mundo".

> **Dependência:** todos os membros do corpo dependem uns dos outros. Quando um membro não funciona bem, todo o corpo é prejudicado. Podemos notar esse fenômeno, por exemplo, quando há uma infecção em uma parte do corpo. Leia e comente: "Os membros da Igreja precisam uns dos outros, cada um atento às necessidades de todos".

- ✝ Explique que São Paulo quis ensinar como cada pessoa deve se sentir parte da Igreja: cada uma do seu jeito e todas unidas a Jesus para fazer crescer no mundo o Reino de Deus.

- ✝ Encaminhe a atividade 1 questionando o que a comparação ensina a cada um e explore as respostas para facilitar a compreensão.

Depois, comente a beleza dessa comparação feita por São Paulo, continuando a leitura do livro. Explique que a Igreja é viva, dinâmica, presente no mundo com o trabalho de cada um de seus membros e conduzida por Jesus.

- Na atividade 2, incentive uma conversa esclarecendo, ou corrigindo quando necessário, a comparação da Igreja com o corpo de Cristo. O que cada catequizando pensa sobre isso? O que diriam a São Paulo sobre essa comparação?

- Na atividade 3, explique que cada pessoa é chamada a trabalhar na Igreja por Deus, que quer nossa colaboração em seu plano de amor. Ajude o grupo a resolver a cruzadinha e usar as palavras encontradas para completar a frase que está no livro.

    Resolução da cruzadinha: 1) precisar; 2) plano; 3) filhos; 4) amor; 5) mundo; 6) Deus.

    Frase formada: Deus quer precisar de cada um de seus filhos para que seu plano de amor aconteça no mundo.

- Jesus disse que é o Bom Pastor que conduz suas ovelhas (Jo 10,11). A Igreja segue com o trabalho de pastoreio, isto é, de cuidado com o povo de Deus, ajudando-o a crescer na fé e atenta às suas necessidades. A partir da leitura do livro do catequizando, explique o que é uma Pastoral. Diga que são muitas as Pastorais na Igreja porque são muitas as ações necessárias, organizadas e com o objetivo de anunciar Jesus Cristo aos homens.

- Faça uma partilha do que o grupo conhece sobre o trabalho pastoral realizado na comunidade. Pergunte se conhecem alguém que tenha uma função na paróquia ou atue em uma Pastoral.

- Na atividade 4, questione o que os catequizandos compreendem da ilustração. Comente os braços abertos de Jesus (chamado e acolhimento), o coração vermelho (Jesus se alegra quando nos fazemos disponíveis para trabalhar em seu Nome), rostos sem olhos/nariz/boca (todos os que de alguma maneira ajudam nas Pastorais). Peça que escrevam os nomes dessas pessoas junto à ilustração.

- Fale sobre a importância de nos sentirmos verdadeiramente parte da Igreja de Jesus Cristo: ser cristão significa viver em união com Jesus e com o resto da Igreja (cf. 1Cor 12,12s). Comente o texto do livro do catequizando enfatizando que devemos estar unidos a Jesus e, também, unidos aos outros cristãos, pois esta é a vontade de Deus para a nossa vida de fé.

CRESCER NO COMPROMISSO

- Oriente o grupo para o compromisso da semana: recordar tudo o que foi conversado no encontro e escrever uma frase sobre a importância de cada pessoa participar da comunidade. Os cartazes do grupo serão recebidos no encontro seguinte e ficarão expostos à entrada da igreja no final de semana.

- Lembre aos catequizandos de que a frase escolhida precisa nascer do coração para também ser vivida, nas condições de cada um. Esse é o compromisso para esta semana. Peça que conversem em casa com os familiares sobre a frase que escreveram.

CRESCER NA ORAÇÃO

- Motive-os para a oração: Deus quer a ajuda de cada pessoa para que seu Filho Jesus seja conhecido e amado, e seus ensinamentos sejam praticados por todos. Leiam juntos os pedidos apresentados na oração.

Anotações

JUNTOS EDIFICAMOS A IGREJA DE JESUS

3

Objetivo

Compreender que o trabalho de todos os cristãos guiados pelo Espírito Santo edifica a Igreja e contribui para seu crescimento.

LEITURA ORANTE

- Prepare-se para o encontro rezando o texto: 1Tm 4,11-15.
- Reflita: Você sente a presença do Espírito Santo conduzindo, ensinando e colaborando em suas ações? Acolhe com alegria e generosidade o seu papel na edificação da Igreja?
- Conclua com a oração ao Espírito Santo: *Vinde, Espírito Santo, enchei os corações...*

FUNDAMENTAÇÃO PARA O CATEQUISTA

No livro dos Atos dos Apóstolos (cf. At 2,1-13) lemos que não estamos desamparados para cumprir a missão de anunciar e estabelecer o Reino entre os homens (cf. CIgC, n. 768), pois temos conosco o Espírito Santo que nos ajuda a ficar próximos de Deus, vivendo conforme os ensinamentos de Jesus. Com a vinda do Espírito Santo, os discípulos tornaram-se capazes de anunciar a Boa-Nova com convicção e coragem. É esse mesmo Espírito que nos conduz para testemunharmos nossa fé e mostrarmos ao mundo a razão do nosso viver: o seguimento a Jesus.

O Espírito Santo constrói, anima e santifica a Igreja, sinal (sacramento) da comunhão da Santíssima Trindade e dos homens (cf. CIgC, n. 747). Ele age em cada pessoa com seus dons para edificar a Igreja, isto é, para fortalecê-la e fazê-la crescer, consolidando e propagando a comunidade cristã. São Paulo mostra como podemos edificar a Igreja:

> **Palavra**: conhecendo e transmitindo cada vez mais a Palavra de Deus, que nos dá coragem e orienta a nossa vida.
>
> **Exemplo**: agindo com justiça e mansidão, mantendo a pureza nas ações, nas palavras e nos pensamentos.
>
> **Oração**: colocando-nos alegres e humildemente diante de Deus.
>
> **Fé**: colocando toda a nossa confiança em Deus, nosso Pai.
>
> **Amor**: pensando no bem do outro, colocando-nos a serviço para ajudá-lo.

Cada cristão deve acolher as orientações de São Paulo para, com sua própria vida, ensinar e exortar outras pessoas e mostrar o que é a essência da vida cristã.

O ENCONTRO

MATERIAIS

- ✓ Se possível, coloque uma imagem de Pentecostes bem visível.
- ✓ Sugestões (escolha o que for viável e mais adequado ao grupo):
  - Biscoitos e brigadeiro em ponto de colher; travessa e colher.
  - Caixas sem tampas (de tamanhos iguais ou diferentes) e fita adesiva – na dinâmica sugerida, as caixas ficarão com o fundo voltado para o grupo.
  - Copo com água e detergente líquido, canudinho.

PARA INICIAR O ENCONTRO

- Inicie o encontro apresentando o significado de edificar: erguer ou fazer crescer uma construção, a partir de um bom fundamento e usando materiais essenciais. Para edificar sua obra, todo arquiteto anseia que cada etapa aconteça conforme projetou. Ele sabe a importância de cada ponto do projeto e confia o trabalho a pessoas preparadas para realizá-lo. O autor do projeto é, também, alguém sempre pronto a ajudar os que estão envolvidos em sua realização. Pergunte: Quais materiais são essenciais para fazer crescer uma construção? Que pessoas são essenciais, e por quê?

- Deus tem um projeto para a humanidade, e a Igreja é parte importante desse projeto. Ela continua a obra de Jesus entre os homens de todos os tempos e de todos os lugares. Para realizar esse projeto, os seguidores de Jesus são chamados para que juntos edifiquem a sua Igreja, isto é, colaborem para o seu crescimento segundo a sua vontade.

- Recorde ao grupo que Jesus quer que sua Igreja esteja presente no mundo todo realizando sua missão: anunciar o Evangelho e fortalecer o Reino. Neste encontro iremos entender como ajudar a edificar a Igreja, isto é, como podemos ajudar a Igreja a crescer e ser mais forte.

- Leia o título e o texto da introdução.

CRESCER COM A PALAVRA

- Apresente Timóteo ao grupo como um jovem líder da Igreja primitiva que se tornou discípulo de São Paulo e o acompanhou a várias viagens missionárias. São Paulo orientou Timóteo sobre como se portar à frente da Igreja, sendo responsável por anunciar a Boa-Nova de Jesus e conduzir o povo na prática dos seus ensinamentos.

- Leia o texto inicial e motive para a leitura bíblica comentando que, assim como Timóteo, todos nós somos chamados a ajudar a Igreja a cumprir sua missão.

- Leia com o grupo o texto escolhido da primeira carta de São Paulo dirigida a Timóteo: 1Tm 4,11-15.

- Provoque uma conversa entre os catequizandos, para que digam como compreenderam o texto.

- Destaque para o grupo o versículo 12, no qual São Paulo orienta Timóteo sobre seu modo de ser e agir. O que cada pessoa faz promove seu crescimento individual como cristã; tudo o que todos nós fazemos, em comunhão, promove o crescimento e o fortalecimento da Igreja.

✝ Leia e explique o sentido de cada uma das atitudes destacadas por São Paulo para edificar, isto é, para fazer a Igreja crescer: conhecer e transmitir a Palavra de Deus, dar bons exemplos, cultivar a oração, confiar em Deus e colocar o amor acima de tudo.

✝ Mencione que, assim como São Paulo e Timóteo, cada um de nós é chamado a colaborar com a Igreja para que ela cresça e se fortaleça.

✝ Na atividade 1, motive uma conversa entre os catequizandos sobre as atitudes destacadas por São Paulo e peça para que respondam à pergunta apresentada no livro.

✝ Escolha com antecedência como irá ajudar o grupo a compreender o lugar do amor na edificação da Igreja, usando as caixas ou os biscoitos. Caixas e biscoitos são como os tijolos em uma construção; fita adesiva e brigadeiro representam o cimento. Com a ajuda dos catequizandos, comece a erguer uma parede. Explique que para a parede ficar firme é preciso que os "tijolos" estejam bem unidos. A fita adesiva ou o brigadeiro manterá caixas ou biscoitos unidos. Associe cada caixa ou cada biscoito que usar na construção da parede a uma resposta do grupo mencionada na atividade anterior – você pode, também, incluir novas respostas.

✝ Pergunte ao grupo: O que está na origem das nossas ações e mantém a Igreja firme?

✝ Leia o texto do livro do catequizando e complemente a ideia, comentando que sem o amor todo o conhecimento da Palavra se torna inútil, porque ninguém será capaz de transmitir o amor de Deus pela humanidade sem amar. Sem amor não há bons exemplos para os irmãos; sem amor, a oração será apenas feita de palavras que saem da boca, e não do coração.

✝ Motive o grupo perguntando: Qual a origem do amor? Deixe que todos se manifestem e diga que Deus, que é puro amor, é a origem do amor que existe em nós; e porque Deus nos ama, Ele nos deu o Espírito Santo.

🕆 Mostre ao grupo a imagem de Pentecostes e conte, com suas palavras, o que aconteceu aos apóstolos ao receberem o Espírito Santo. Leiam juntos o texto sobre o Espírito Santo (destacado no livro do catequizando):

> A Igreja começou a crescer em Pentecostes (cf. At 2,1-13), com a vinda do **Espírito Santo** prometido por Jesus aos seus discípulos. Em todas as épocas, os seguidores de Jesus, que são os membros da sua Igreja, vivem segundo seus ensinamentos. O mesmo Espírito Santo que deu início à Igreja hoje a mantém viva, para levar adiante a obra que Jesus começou.

- Destaque que o mesmo Espírito que levou Jesus a anunciar o Evangelho ajudou os apóstolos a proclamarem as maravilhas de Deus, e ajuda a Igreja a continuar a missão de Jesus.

- Leia e comente a frase em destaque: "Deus é amor, e o Espírito Santo é o amor morando em nós". Cheios do Espírito Santo significa "cheios do amor de Deus em nós", e quando estamos cheios de amor, nossas atitudes e palavras demonstram isso.

- Convide o grupo a fazer um resumo do que conversaram sobre a Igreja e o Espírito Santo.

- Na atividade 2, ajude o grupo a completar as frases, motivando para que identifiquem as palavras corretas:

    a) O **Espírito Santo** mora em cada pessoa; é Ele que nos ajuda a viver de acordo com os **ensinamentos de Jesus**, a colaborar para que a **Igreja** cresça sempre mais no mundo, a conversar com Jesus na **oração**, a reconhecer que o **outro** é tão valioso quanto nós.

    b) É o Espírito Santo que nos anima a fazer o **bem**.

    c) O Espírito Santo nos mantém **unidos** uns aos outros e a Jesus, e mantém a **Igreja** unida em todo o mundo.

Uma sugestão é fazer a dinâmica do canudo para ajudar o grupo a perceber a ação do Espírito Santo. Misture água e detergente em um copo e comece a fazer bolhas de sabão, soprando com bastante força o ar pelo canudo ou soprando bem fraco. Explique, então, como age o Espírito Santo no mundo usando a seguinte comparação:

- Para se manifestar no mundo, o Espírito Santo precisa de cada pessoa (o ar de nossos pulmões) e da comunidade pela qual irá se manifestar (o canudo pelo qual o ar passa).

- A ação do Espírito Santo é mais visível quando toda a comunidade trabalha em comunhão (o sopro não pode ser nem muito forte nem muito fraco para formar as melhores bolhas de sabão, isto é, ninguém pode pretender ser mais que os outros e ninguém deve se omitir).

- Explique que Deus Pai, Jesus Cristo e o Espírito Santo formam a Santíssima Trindade, uma unidade perfeita, uma comunhão perfeita de amor. O Pai e o Filho, porque nos amam e nos querem sempre perto d'Eles, enviaram aos homens o Espírito Santo para nos ajudar a sermos bons seguidores de Jesus.

- Na atividade 3, forme duplas para responder às questões propostas. Em seguida, faça uma partilha das respostas e conclua dizendo que a única linguagem totalmente compreendida por qualquer pessoa, em qualquer canto do mundo, é a linguagem do amor – a linguagem inspirada pelo Espírito Santo em nós.

- Depois de um instante de silêncio, para interiorizar o que foi abordado no encontro, façam juntos a oração apresentada no livro do catequizando.

    - Sugestão de música para conduzir à oração: *Move-te em mim*. Essa música encontra-se disponível em: https://youtu.be/PNYqMQ4_01g. Acesso em: 16 nov. 2021.

CRESCER NO COMPROMISSO

- Incentive o grupo a procurar algumas informações sobre a vida de Timóteo. Os catequizandos irão registrar em seus livros o que descobrirem.

- Cada catequizando irá conversar com seus familiares sobre o que aprendeu a respeito de Timóteo e da ação do Espírito Santo em nós.

- Leia a proposta de compromisso para a semana. Os catequizandos poderão usar diferentes recursos para divulgar a frase que escreverem: redes sociais, pequenos cartazes para o local da catequese ou outras formas disponíveis. Não se esqueça de que é um compromisso pessoal, então motive para que se proponham a realizá-lo com total liberdade – de conteúdo, de expressão, de meio de divulgação.

CRESCER NA ORAÇÃO

- A cada vez que prometia aos seus discípulos a vinda do Espírito Santo, Jesus apresentava uma das maneiras que Ele agiria nas pessoas e em sua Igreja (cf. ClgC, n. 692-693).

- Convide os catequizandos para a oração. Diga que nela estão presentes diferentes maneiras pelas quais o Espírito Santo age em nós e em nossa Igreja, conforme Jesus prometeu.

4 MARIA É MÃE DA IGREJA

> **Objetivo**
>
> Reconhecer que Maria está constantemente presente na caminhada de fé do povo de Deus e no centro da vida da Igreja, que a vê como mãe de todos.

LEITURA ORANTE

- Reze o texto para este encontro: Jo 19,25-27.
- Reflita sobre seu sentimento em relação à Maria, imaginando-se na cena apresentada no texto.
- Reze: *Ó minha Senhora, ó minha Mãe, eu me ofereço todo a vós e, em prova...*

FUNDAMENTAÇÃO PARA O CATEQUISTA

Não se pode falar da Igreja se Maria não está presente. Essa presença feminina marcou o povo de Deus de todos os tempos, criando o ambiente familiar e trazendo o desejo de acolhimento, amor e respeito pela vida como sinais do cuidado maternal de Deus (cf. DP, n. 291).

Maria foi proclamada mãe da Igreja pelo Papa Paulo VI no Concílio Ecumênico Vaticano II, em 1964. Ela é a mãe da Igreja por ser a mãe de Cristo, Cabeça da Igreja, que é o seu Corpo; é mãe da Igreja, isto é, mãe de todo o povo cristão, tanto dos fiéis como dos pastores.

O Papa Francisco inscreveu no calendário litúrgico a Memória da Bem-Aventurada Virgem, Mãe da Igreja (segunda-feira após Pentecostes). Essa celebração nos ajuda a lembrar que nossa vida cristã cresce ancorada em três realidades: a cruz, a Eucaristia e a Virgem Maria – três mistérios que Deus deu ao mundo para fecundar e santificar nossa vida interior, e para nos conduzir a Jesus Cristo, conforme orienta o Decreto *Ecclesia Mater* (VATICAN NEWS, 2021).

Maria está junto à cruz ao lado de João, o discípulo amado, testemunha das palavras e dos gestos de Jesus (cf. Jo 19,35). Mesmo sofrendo na alma e no corpo, Jesus se lembra da vontade do Pai de que seus filhos não ficassem órfãos e entrega sua mãe a João, que ali simboliza toda a comunidade. Jesus chama sua mãe de "mulher", significando que Maria é mãe universal da comunidade de Jesus, que a tem como modelo.

Maria viveu inteiramente aberta ao Espírito Santo. Nela encontramos tudo aquilo que cada cristão é chamado a cultivar: humildade, serviço, esperança, disponibilidade, presença ao lado dos irmãos, confiança nas promessas divinas, fé inabalável, sentimento de misericórdia e de justiça.

Na exortação apostólica *Marialis Cultus* (1974), sobre o culto à virgem Maria, o então Papa Paulo VI aponta qualidades de Maria presentes na Igreja. Ela soube ouvir e acolher a Palavra de Deus com fé, e essa é missão da Igreja: escutar, acolher, proclamar, venerar e anunciar a Palavra como Pão da vida. Maria era pessoa orante e intercessora; a Igreja apresenta ao Pai as necessidades de seus filhos e intercede pela salvação do mundo todo. Maria, virgem e mãe, é modelo da fecundidade da Igreja que, pelo Batismo, gera os filhos concebidos pela ação do Espírito Santo. Maria ofereceu ao Pai seu Filho Jesus, sobretudo aos pés da cruz, associando-se ao sacrifício redentor do Filho; a Igreja oferece, diariamente, o sacrifício Eucarístico, memorial da morte e ressurreição de Jesus (cf. MC, n. 16-20).

LEIA PARA APROFUNDAR

- Para saber mais, sobre Maria ter sido proclamada mãe da Igreja pelo Papa Paulo VI, pesquise em: https://press.vatican.va/content/salastampa/it/bollettino/pubblico/2018/03/03/0168/00350.html#portD l. Acesso em: 16 nov. 2021.

O ENCONTRO

MATERIAIS

✓ Diferentes imagens ou gravuras de Nossa Senhora – Aparecida (padroeira do Brasil), de Guadalupe (padroeira das Américas), de Fátima, padroeira da paróquia/diocese, e outras mais.

✓ Faça, para cada catequizando, o desenho do terço, indicando como rezar e os mistérios meditados a cada dia. Sugere-se pesquisar modelos disponíveis na internet.

PARA INICIAR O ENCONTRO

- Para começar o encontro, apresente o tema ao grupo: Maria era uma pessoa humana como nós, que entendeu mais do que qualquer outra o sentido de deixar Deus agir em sua vida; era uma mulher, jovem e humilde, que aceitou tornar-se a mãe do Filho de Deus, a mãe de Deus.

- Neste encontro irão descobrir que Jesus quis que sua mãe estivesse sempre ao lado da sua Igreja e de cada um dos seus seguidores. Leia, então, para o grupo a introdução do encontro no livro do catequizando.

CRESCER COM A PALAVRA

✝ Recorde ao grupo como foi o "sim" de Maria e leia o texto do livro.

✝ Convide para que ouçam a Palavra que será proclamada por você: Jo 19,25-27.

✝ Na atividade 1, peça que os catequizandos leiam em silêncio os versículos proclamados, atentos à cena descrita.

   a) Diga para que identifiquem quando e onde aconteceu a cena, e quais personagens dela participam.

   b) Convide-os a olhar para a ilustração do livro, pensar e responder: Por que Jesus disse aquelas palavras a João e Maria?

   c) Peça que se imaginem na cena e incentive a partilha de como se sentem.

- Convide-os a rezar juntos a oração da Ave-Maria. Explique que nos dirigimos à Maria como "Santa Maria, mãe de Deus" porque assim a reconhecemos; e pedimos "rogai por nós" porque confiamos naquela que nos foi entregue por Jesus como nossa mãe.

- No terceiro encontro, falamos que somos a Igreja, Corpo de Cristo. Explique, lendo e comentando o texto do livro, o significado de Maria, mãe da Igreja: o próprio Jesus, com suas palavras dirigidas ao discípulo João, colocou a Igreja, todos os seus seguidores, sob o cuidado maternal de Maria.

- Na atividade 2, comente que muitas pessoas se parecem com seus pais ou tios. Pergunte aos catequizandos:

    a) Você já ouviu a expressão "É a cara da mãe?". Diga ao grupo o que você pensa que ela significa.

    b) E o que significa dizer que uma pessoa é muito parecida com outra? Estamos nos referindo apenas ao aspecto físico, ou pensamos também nas atitudes e no jeito de ser da pessoa?

    c) Você se acha parecido com alguém da sua família? Com quem? Em que vocês se parecem?

- Na atividade 3, forme pequenos grupos com três ou quatro catequizandos para procurarem: características de Maria que encontramos em nós; características nossas que vemos em Maria; e características da Igreja identificadas em Maria. Ajude os catequizandos apresentando pistas sobre o jeito de ser cristã de Maria, sua humanidade e maternidade. Cada catequizando irá escrever em seu livro, no espaço indicado, o que seu grupo identificou. Ao final, podem completar com outras características apontadas pelos colegas.

- Algumas ideias:

    - **No que somos parecidos com Maria**: acolhedores / prestativos / obedientes à vontade de Deus / atentos à Palavra de Deus / humildes / atentos às necessidades do outro / orantes.

    - **Maria é como nós**: pessoa humana / família / mãe / amor a Deus / amor a Jesus.

    - **A Igreja é como Maria**: acolhedora / presente / cuidadora / orante / atenta às necessidades / amor a Deus / atenta à Palavra de Deus.

- ✝ Se somos todos filhos de Maria, como devemos tratar as pessoas? Deixe que o grupo se manifeste, tendo presente as características de Maria que devemos ver em nós e que devem também estar em nossos relacionamentos.

- ✝ Maria é única, mas recebe diferentes nomes, atribuídos por diversos motivos. Mostre ao grupo algumas imagens ou gravuras de Nossa Senhora, explicando a razão dos seus nomes. Pergunte que nomes de Maria os catequizandos conhecem e o que sabem sobre cada um; peça que escrevam suas respostas no livro.

CRESCER NO COMPROMISSO

- Comente com o grupo que em nossa Igreja existem muitas orações: ao Pai, a Jesus Cristo, ao Espírito Santo, a santos e santas, e aquelas em que nos dirigimos à Maria.

- As orações marianas mais conhecidas são a Ave-Maria, a Salve Rainha, o *Angelus*, o *Magnificat* e o Ato de Consagração a Nossa Senhora.

- Pergunte: Quais orações marianas o grupo conhece? Quem tem o hábito de rezar à Maria com a família? E quem costuma rezar o terço?

- Fale sobre o terço. Explique que com ele meditamos os mistérios de Jesus e Maria. É uma oração perfeita, simples e humilde como Maria. Em cada Ave-Maria, convidamos Maria a rezar por nós, e ela une sua oração à nossa.

- Faça uma motivação para a oração do terço e entregue a cada catequizando o modelo que preparou. Explique o sentido dos mistérios que são meditados nos diferentes dias da semana.

- Proponha que cada catequizando reze o terço com sua família pelo menos em um dia da semana, fazendo o registro – foto ou vídeo – para compartilhar com o grupo.

CRESCER NA ORAÇÃO

- Como motivação, diga que Maria ouve nossas orações e nos conhece como mãe. Podemos entregar a ela nossas preocupações e confiar em sua presença amorosa ao nosso lado. Leia o texto e convide-os a fazer juntos a consagração a Nossa Senhora.

MARIA, EXEMPLO DE AMOR, MODELO DE SERVIÇO
Entrega da Ave-Maria

Celebração

Objetivo

Reconhecer em Maria o exemplo de amor e o modelo de serviço que devemos seguir, celebrando seu papel em nossa vida.

LEITURA ORANTE

- Prepare-se para a celebração que fará com os catequizandos e suas famílias com a leitura orante do texto indicado: Jo 2,1-10.
- Reflita: Como você vive a fala de Maria: "Fazei tudo o que ele vos disser"?
- Faça uma oração em honra à Maria.

FUNDAMENTAÇÃO PARA O CATEQUISTA

Maria entregou-se totalmente à vontade de Deus, guardava sua Palavra no coração e meditava sobre ela para compreender o que acontecia em todos os momentos da vida. Ela viveu inteiramente disponível para Deus, e toda a sua vida está assim resumida: "Eis aqui a serva do Senhor, faça-se em mim segundo a sua vontade" (Lc 1,38).

Com os olhos postos em seus filhos e em suas necessidades, como em Caná da Galileia, Maria ajuda a manter vivas as atitudes de atenção, de serviço, de entrega e de gratuidade que devem distinguir os discípulos de seu Filho. Indica, além do mais, qual é a pedagogia para que os pobres, em cada comunidade cristã, "sintam-se como em sua casa". Cria comunhão e educa para um estilo de vida compartilhada e solidária, em fraternidade, em atenção e acolhida do outro, especialmente se é pobre ou necessitado. (DAp, n. 272).

Devemos procurar ter em nós as mesmas atitudes de Maria: entrega, fé e fidelidade. Elas ensinam a não aceitar injustiça, intolerância, fome, violência, opressão. Maria, de fato, nos mostra que é possível lutar por um mundo mais parecido com aquele que Deus quer.

> **Dica**
> Essa celebração pode ser realizada de duas maneiras: reunindo os catequizandos e familiares ou adaptando-a para uma celebração com a comunidade.

A CELEBRAÇÃO

MATERIAIS

- Imagem de Nossa Senhora enfeitada com flores. Se possível, escolha a imagem da padroeira da paróquia ou da diocese.

- Cartões com versículos sobre Maria: Lc 1,28; Lc 1,38; Lc 1,47; Lc 2,7; Lc 2,19; Jo 19,25; Jo 19,26s; At 1,14. Esses cartões serão levados pelos catequizandos e seus familiares.

- Providencie um cartão com a Ave-Maria impressa para cada catequizando. Sugestão: faça como um marcador de páginas para ser usado na Bíblia.

- Pesquise e escolha na internet uma versão cantada do Ato de Consagração a Nossa Senhora.

- Providencie uma seleção de músicas marianas. Poderá pesquisar na internet e escolher as que melhor de adaptem à sua realidade.

PREPARANDO A CELEBRAÇÃO

- Prepare um lugar para colocar a imagem de Nossa Senhora enfeitada com flores.
- Em alguns bancos ou cadeiras, coloque os cartões com versículos sobre Maria.
- Enquanto os catequizandos chegam com suas famílias, coloque músicas sobre Maria.
- Antes de iniciar a celebração, não se esqueça de convidar os catequizandos e os familiares que irão ajudar com algumas leituras.

ACOLHIDA

Catequista: Sejam bem-vindos, queridos catequizandos, pais e famílias! Comecemos abrindo nossos corações para que Jesus possa nos falar. Em nome do Pai e do Filho e do Espírito Santo.

Todos: Amém.

Catequista: Hoje nos reunimos para celebrar Maria, mãe de Jesus e nossa mãezinha do Céu. Ela é exemplo de fidelidade a Deus e modelo de quem soube se colocar a serviço do outro. Com alegria, vamos acolher a imagem de Nossa Senhora, nossa mãe Maria.

Canto: Escolha um canto mariano bem conhecido na comunidade.

Catequista: Não podemos falar sobre Jesus sem nos lembrarmos de sua mãe Maria. Em sua casa, em Nazaré, Maria educou e preparou seu Filho para sua missão.

Catequizando 1: Jesus é Filho de Deus, mas nasceu como qualquer um de nós. Ele precisou aprender tudo, da mesma maneira que todas as crianças precisam aprender.

Motive os catequizandos a partilharem suas respostas às questões: Quem ensinou você a falar, a ler, a comer sozinho ou a dar os primeiros passos? E quem ensinou você a rezar?

Catequista: Jesus aprendeu com Maria e José todas essas coisas que precisamos aprender quando somos pequenos; com eles, Jesus também aprendeu a viver de acordo com a vontade de Deus.

Catequizando 2: Quando Deus quis se fazer homem igual a nós, escolheu Maria para ser a mãe de seu Filho Jesus.

Mãe: Muitas pessoas acreditam que Maria nasceu pronta para assumir seu papel no plano de Deus como mãe do seu Filho. Não foi assim! Maria era uma jovem humilde, que morava em Nazaré, um lugar insignificante, e era ignorada como todas as mulheres do seu tempo. O que Maria tinha de extraordinário? Sua fé verdadeira e sua fidelidade total ao Pai.

Catequista: Mesmo sem compreender bem, Maria disse "sim" a Deus. Ela confiou em Deus e procurou realizar o que Ele pedia todos os dias de sua vida, mesmo enfrentando dificuldades.

Pai: Nos Evangelhos, as passagens em que Maria está presente nos ajudam a entender quem foi esta mulher e o que ela nos ensina com seu jeito de viver sua fé.

Canto

PROCLAMAÇÃO DA PALAVRA

Catequista: A Bíblia mostra que Maria foi uma mãe cuidadosa, atenta às necessidades de Jesus e de todas as pessoas. Nas situações difíceis, Maria pedia ajuda a Jesus, cheia de confiança. Em uma festa de casamento, ela mostrou sua atenção e seu cuidado com todos.

Vamos ouvir essa passagem do Evangelho segundo João 2,1-10.

REFLEXÃO SOBRE A PALAVRA

Algumas sugestões para ajudar a enriquecer a reflexão:

> O casamento é símbolo da aliança de Deus com Israel (cf. Is 62,5); o vinho é sinal do amor e da bênção de Deus (cf. Ct 1,2; 8,2).
>
> Acabar o vinho era mau sinal. Maria, sempre atenta às pessoas e cheia de misericórdia, ficou preocupada na festa. Mesmo sem entender a intenção de Jesus, Maria acreditou que Ele poderia agir em favor dos noivos e de suas famílias. Entregando-se à vontade de seu Filho, ela disse aos empregados que deveriam fazer o que Ele dissesse (cf. Jo 2,5).
>
> Os empregados ouviram Jesus, e o vinho servido depois era muito melhor. Vemos então a missão de Maria: dar Jesus à humanidade e levar os homens a Ele.
>
> O texto bíblico mostra o papel importante de Maria no projeto de salvação de Deus. Sempre sensível às necessidades de seus filhos, ela intercede por nós junto a Jesus, como fez em Caná. E Jesus, tam-

bém como fez na festa do casamento, ouve e atende aos apelos de sua mãe.

"Maria dá um testemunho de vida, não um conselho piedoso: o testemunho de fazer a vontade de Deus; é isso que ela disse na festa em Caná e diz para nós: fazer o que o Senhor nos mandar, assim como ela sempre fez" (ALMEIDA, 2016, p. 118).

Catequista: Maria e Jesus, como pessoas comuns, tinham amigos e participavam de festas. Nessa vida comum, Maria mostrou sua atenção e cuidado com todos. O amor a Deus e aos irmãos, a vontade de servir e a disponibilidade fazem de Maria um exemplo de amor e nosso modelo de serviço. Atenta à vontade de Deus, ela mostrou o que todos nós também podemos fazer: servir, respondendo com amor e dedicação, a cada dia, ao que Deus nos pede e nos oferece. Hoje Maria diz para cada um de nós: "Faça o que Jesus mandar!" (cf. Jo 2,5). O que isso quer dizer? Que precisamos estar sempre perto de Jesus, para conhecer seus ensinamentos e praticar o que Ele quer de nós, como Maria, sua mãe, sempre procurou fazer.

Canto: *Maria nas bodas de Caná* (Agnus Dei).

ENTREGA DA ORAÇÃO DA AVE-MARIA

Catequista: Queridos catequizandos, Maria guiou os passos do Menino Jesus e ensinou a Ele as primeiras palavras e orações; como todas as mães, preocupou-se com Ele e alegrou-se com suas descobertas. Ela é nossa mãe, e quer guiar os nossos passos para amarmos sempre mais seu Filho Jesus. Maria recebeu de Jesus, na cruz, a missão de ser a mãe de todos os que se tornavam seus discípulos. E qual é a mãe que não cuida de seus filhos? Podemos contar sempre com a intercessão de nossa mãe Maria!

Vocês irão receber a oração da Ave-Maria. Com essa oração, aprendemos com Maria a louvar nosso Pai e a amar do jeito que Jesus ama cada um de nós. Rezem sempre a Ave-Maria, como sinal de amor à mãe de Jesus e nossa mãezinha do Céu.

Canto: *Ave-Maria de minha infância* (Padre Zezinho).

CONSAGRAÇÃO A NOSSA SENHORA

Catequista: Uma das tradições mais bonitas da nossa Igreja é a consagração a Nossa Senhora: entregar a vida à mãe de Jesus confiando em seu amor maternal. Vamos reafirmar nossa consagração a nossa mãe Maria, pedindo que ela cubra de graças as nossas vidas.

Ato de Consagração a Nossa Senhora rezado ou cantado.

Todos: *Ó minha Senhora e minha Mãe, eu me ofereço todo a vós, e, em prova de minha devoção para convosco, vos consagro neste dia os meus olhos, os meus ouvidos, a minha boca, o meu coração e todo o meu ser. E porque assim sou vosso, ó incomparável Mãe, guardai-me, defendei-me como coisa e propriedade vossa. Amém.*

BÊNÇÃO

Catequista: Deus, que pela bem-aventurada Virgem Maria encheu o mundo de alegria, nos faça sentir as riquezas da sua graça.

Todos: Amém.

Catequista: Pelas mãos puras de Maria, desça e permaneça em cada um de nós a bênção de Deus Pai e Filho e Espírito Santo.

Todos: Amém.

Catequista: Vamos em paz, agradecidos e cheios de alegria por termos Maria como nossa mãezinha!

Canto: Escolha um canto mariano bem alegre e conhecido na comunidade.

BLOCO 2

OS SACRAMENTOS SÃO SINAIS DO AMOR DE DEUS

5 Deus nos dá sinais do seu amor

6 O amor de Deus nos chama para sermos cristãos

7 O amor de Deus nos chama para o serviço

8 O amor de Deus nos chama para vivermos melhor

9 Encontro celebrativo
Jesus quer nos dar água viva

Tornar-se cristão, desde o início da Igreja, envolve um itinerário e um processo de iniciação. O itinerário apresenta como elementos essenciais o anúncio da Palavra, o acolhimento do Evangelho que leva à conversão, a profissão de fé, o Batismo, a efusão do Espírito Santo e o acesso à Eucaristia (cf. CIgC, n. 1229). No processo da Iniciação Cristã estão os sacramentos do Batismo, início da vida nova; da Confirmação, consolidação do Batismo; e da Eucaristia, alimento do discípulo em vista de sua transformação (cf. CIgC, n. 1275).

Os sacramentos são sinais visíveis e eficazes da presença e da graça de Deus. Instituídos por Jesus e confiados à sua Igreja, por eles é dispensada aos homens a vida divina. Os sacramentos atingem todas as etapas e momentos importantes da vida, dando origem e crescimento, cura e missão à vida de fé do cristão (cf. CIgC, n. 1210).

Os ritos da celebração dos sacramentos significam e realizam as graças próprias de cada um deles, e produzem frutos em quem os recebe com as disposições exigidas (cf. CIgC, n. 1131). Estes frutos são pessoais, isto é, para cada pessoa uma vida para Deus em Cristo, e eclesiais, ou seja, crescimento na caridade e no testemunho para a Igreja (cf. CIgC, n. 1134).

DEUS NOS DÁ SINAIS DO SEU AMOR

5

Objetivo

Reconhecer os sacramentos como sinais da presença, do amor e da ação de Deus em nossa vida.

LEITURA ORANTE

- Leia e reflita sobre o texto: 1Cor 1,4-9.
- Qual sua resposta aos sacramentos, dom do amor de Deus?
- Peça a graça de permanecer unido a Jesus, fonte dos sacramentos.

FUNDAMENTAÇÃO PARA O CATEQUISTA

É interessante falarmos primeiramente sobre sinais e símbolos. Deus se comunica conosco por meio de sinais: a criação, a humanidade e cada pessoa são sinais de Deus, e Jesus é o maior deles – Ele é sacramento do Pai.

Os sinais nos fazem lembrar de uma realidade ausente; são visíveis, mas falam de algo real e invisível. Um sinal nos faz recordar fatos, sentimentos ou emoções que fazem parte da nossa vida, por isso pode ser importante para uma pessoa e não ter qualquer significado para outra.

Os símbolos são sinais que têm sentido equivalente para todas as pessoas. Neles sempre lemos a mesma mensagem, pois recordam uma mesma realidade a todos.

Deus se comunica conosco por meio de sinais sensíveis, que é a linguagem que entendemos. No Antigo Testamento conhecemos manifestações de Deus como a sarça ardente, a abertura do Mar Vermelho, a água que jorrou da pedra, o maná que veio do céu. Deus também se comunicou por meio de pessoas – Abraão, Moisés, Davi, entre outras. Mas o maior sinal de Deus para nós é Jesus Cristo, Deus que se fez humano: pode ser ouvido, pode falar e pode ser tocado, atingindo plenamente os nossos sentidos.

A palavra "sacramento" tem sua origem do grego *mysterion* (mistério) – sacramento é sinal visível que comunica algo invisível, portanto, mistério da fé. Sobre os sacramentos, afirmamos: não acontecem pelos méritos de quem os recebe ou confere, mas pelo poder de Deus (cf. CIgC, n. 1128); são sinais que manifestam e transmitem a ação salvífica de Deus; são eficazes e o próprio Jesus age em cada um deles. Como todo sinal, os sacramentos exprimem visivelmente, por meio de gestos, símbolos e ritos, o dom invisível que são a presença de Deus e a comunhão fraterna. E só com os olhos da fé podemos perceber essa realidade.

Os sacramentos têm fonte bíblica: o seu fundamento é o próprio Cristo, que os confiou à sua Igreja. Eles atingem todas as fases da vida humana, e dão origem e crescimento, cura e missão à nossa vida de fé.

Ainda que cada sacramento seja um ato pessoal que expressa o encontro entre Deus e o homem, ele não diz respeito apenas a quem o recebe, mas a toda a comunidade. Por isso a Igreja celebra e renova constantemente, desde sua origem, a presença de Jesus no meio do povo.

Recebemos a vida nova em Cristo pelos sacramentos da Iniciação Cristã: Batismo, Confirmação e Eucaristia, respectivamente, início, consolidação e alimento dessa nova vida. Diante do sofrimento, da doença ou da morte, a vida nova de filhos de Deus pode ser enfraquecida ou até mesmo perdida pelo pecado. A Igreja continua, então, a obra de cura e de salvação de Jesus com os sacramentos da Cura (cf. CIgC, n. 1420). O perdão dos pecados é concedido no sacramento da Reconciliação (cf. CIgC, n. 1486), e uma graça especial é concedida aos enfermos no sacramento da Unção dos

Enfermos (cf. CIgC, n. 1527). Os sacramentos do Serviço conferem uma missão particular na Igreja e na edificação do povo de Deus. Aqueles que recebem o sacramento da Ordem são consagrados como pastores da Igreja, em nome de Cristo; e os que recebem o sacramento do Matrimônio são consagrados para cumprir os deveres de esposos, constituindo a família cristã.

LEIA PARA APROFUNDAR
- *Catecismo da Igreja Católica*, números 1131, 1133, 1210 e 1533-1535.

O ENCONTRO

MATERIAIS

- ✓ Objetos que possam lembrar fatos da vida em família e a história da paróquia ou da cidade: caneca, bola, flor, Bíblia, cruz, alianças, boneca, chuteira, violão, remédio, bolo, pão, celular, bandeira de time de futebol, foto de personagem importante da região, imagem do padroeiro da paróquia, entre outros. Esses objetos devem ser colocados sobre uma mesa ou no chão, no centro da sala, para que sejam vistos por todos do grupo.
- ✓ Argila ou massa de modelagem para cada catequizando (para a atividade que farão em casa).

PARA INICIAR O ENCONTRO

- Acolha o grupo com uma música tranquila, então convide para que observe com atenção e converse sobre os objetos expostos. Depois incentive uma partilha: Algum objeto despertou lembranças? Que pessoas estão associadas a essas lembranças? Que sentimentos elas despertaram?
- Leia para o grupo a introdução do tema e diga que neste encontro irão descobrir o que são os sacramentos da nossa Igreja.

- Converse sobre sinais e símbolos, seus significados e sua importância em nossa comunicação. Diga que é muito comum nos expressarmos por meio de sinais, gestos ou símbolos – uma flor, um abraço, um cafezinho ou uma mensagem nas redes sociais, por exemplo, "fala" sem necessidade de explicação.

CRESCER COM A PALAVRA

- Leia para os catequizandos o texto inicial do livro, destacando o fato de que precisamos estar atentos para ver além do que é visível. Explique o que significa "ver além do visível". Na atividade 1, proponha uma conversa em duplas sobre as duas questões apresentadas e, na sequência, uma partilha com o grupo das respostas a elas. Nesse momento, apenas acolha as manifestações de todos, sem comentar.

- Antes da Proclamação da Palavra é sugerido um gesto, sinal de súplica, que deve ser explicado ao grupo. Também podem ser explicados o gesto de fechar os olhos, para nos voltarmos para dentro de nós mesmos, e o silêncio, para escutarmos Deus que nos fala.

- Peça que os catequizandos estendam as mãos abertas e voltadas para o alto, com os olhos fechados, e repitam silenciosamente: *Jesus, quero a tua ajuda para ver tua presença nos teus sinais de amor por mim!*

- Convide um catequizando para proclamar o texto escolhido: 1Cor 1,4-9.

- Após a leitura, são propostos sinais de amor à Palavra de Deus – beijar a Bíblia e trazê-la para perto do coração.

- Comente o sentido das palavras de São Paulo na leitura proclamada, a partir da leitura conjunta do texto do livro.

- A nuvem de palavras mostra diferentes dons que recebemos de Deus. Ajude os catequizandos a perceberem que, no texto proclamado, São Paulo refere-se a tudo o que Deus nos presenteia para vivermos melhor e nos tornarmos mais parecidos com Jesus.

- Na atividade 2, depois de observarem a nuvem de palavras, ajude os catequizandos a responderem às questões *a* e *b* apresentadas.

- ✝ Explicando que toda a vida de Jesus é um grande sinal para percebermos que Deus age no mundo, ajude o grupo a responder à questão c da atividade 2 sobre gestos, palavras e milagres de Jesus de que os catequizandos se lembram.

- ✝ Com algumas perguntas dirigidas ao grupo, faça uma rápida recordação dos encontros sobre a Igreja – por exemplo, o que é a Igreja, quem a forma e qual é a sua maior missão. A partir das respostas, leia os parágrafos sobre a Igreja como sinal de Jesus entre os homens. Depois introduza a tema dos sacramentos.

- ✝ Recorde que Jesus deixou à sua Igreja a missão de continuar no mundo a sua obra. Os sacramentos são sinais especiais que a Igreja oferece a toda a humanidade.

- ✝ Explique o sentido do sacramento, como sinal da presença de Deus em nossa vida, e apresente os sete sacramentos.

- ✝ Na atividade 3, comentando a ilustração, que representa uma linha da vida indicando que os sacramentos estão presentes do nascimento até a morte, ajude o grupo a completar a atividade proposta.

- ✝ Conclua a atividade reforçando, conforme indicado no livro, que os sacramentos são presentes que recebemos de Jesus para conseguirmos sentir mais e perceber melhor o amor de Deus por nós, tornando nossa vida mais bonita, vivendo como filhos de Deus e irmãos uns dos outros.

CRESCER NO COMPROMISSO

- Recorde ao grupo que Deus se comunica conosco por meio de diferentes sinais e, no nosso dia a dia, muitas vezes recebemos sinais das pessoas à nossa volta. Converse sobre colaborar para um mundo mais parecido com aquele que Deus quer, conforme está no livro do catequizando, e proponha ao grupo um compromisso e um desafio:

    - Reconhecer em cada pessoa um sinal de Deus e ser esse sinal no mundo. Deverão registrar no livro as experiências da semana para partilhar no próximo encontro.

- Fazer uma escultura que represente como cada um pode colaborar com Deus para que o mundo seja mais justo e fraterno, um lugar melhor para todos. Cada um trará no próximo encontro sua escultura para comentar em que se inspirou.

CRESCER NA ORAÇÃO

- A oração proposta destaca Jesus como imagem do Deus invisível.
- Ao final da oração, proponha aos catequizandos o gesto do abraço, acompanhado de um canto que seja bem conhecido por todos, e a partilha do bolo (e de outros alimentos) que foi exposto como sinal no início do encontro.

Anotações

O AMOR DE DEUS NOS CHAMA PARA SERMOS CRISTÃOS

6

Objetivo
Entender o sentido e a importância dos sacramentos da Iniciação Cristã.

LEITURA ORANTE

- Faça seu momento de reflexão rezando o texto: At 2,36-42.
- Mergulhe nas palavras de Pedro e olhe para você: Em seu jeito de ser catequista, sente o ardor e o amor que transbordavam nas palavras do apóstolo?
- Peça a Deus a graça de nunca desanimar da missão de anunciar Jesus com palavras e atitudes.

FUNDAMENTAÇÃO PARA O CATEQUISTA

Iniciação é um processo no qual a pessoa tem contato com algo novo, faz sua adesão e passa a integrar um grupo que já tinha esse conhecimento. Na base desse processo está um acontecimento capaz de transformar a pessoa.

Na Iniciação Cristã, esse acontecimento é a experiência de encontro com a pessoa de Jesus Cristo. Dela surge uma mudança radical na vida, porque o encontro com o Senhor provoca a vontade de querer viver segundo seus ensinamentos. Tornar-se cristão é, então, um processo de transformação. Os iniciados na fé cristã são chamados por Jesus para conviver com Ele participando da sua vida, colaborando com sua missão no mundo e, especialmente, assumindo um amor incondicional por todos.

Na Última Ceia com os discípulos, Jesus entregou-se como alimento no pão e no vinho, depois prometeu o Espírito Santo (cf. Jo 14,16) e, antes de voltar para o Pai, ordenou aos discípulos anunciarem sua Palavra e batizarem os que n'Ele cressem (cf. Mt 28,18-20). Esses acontecimentos, marcados pelo amor, ficaram no coração dos discípulos.

Os sacramentos da Iniciação Cristã são a base da vida cristã. Eles serão tema de encontros dedicados exclusivamente a cada um deles. Neste encontro, então, serão apenas apontados os principais aspectos desses sacramentos no âmbito da caminhada na catequese.

O Batismo é o sacramento da fé, o nascimento para a vida cristã. Somos tomados pelo Espírito Santo, somos filhos no Filho, membros da Igreja, família de Deus.

A Confirmação nos dá força para seguir os passos de Jesus. Esse sacramento nos leva ao compromisso firme com a Igreja e ao testemunho convicto de Jesus entre os seres humanos.

A Eucaristia é alimento e sustento para a nossa vida cristã, e nos encoraja a seguirmos fiéis aos ensinamentos de Jesus. Eucaristia é sinal-sacramento do amor, da comunhão e da caridade.

O ENCONTRO

MATERIAIS

- ✓ Símbolos dos sacramentos da Iniciação Cristã: água, vela, veste branca, óleo, mãos impostas, pão, vinho. Esses materiais deverão ficar bem visíveis no local do encontro.

- ✓ Para a dinâmica: providencie 24 pequenos cartões; escreva em quatro deles a palavra "Batismo", em outros quatro cartões, a palavra "Confirmação", e em mais quatro cartões, a palavra "Eucaristia". Em cada um dos demais cartões desenhe um símbolo dos sacramentos da Iniciação Cristã – quatro para cada sacramento.

- ✓ Canto sugerido: *Amar como Jesus amou* (Padre Zezinho).

PARA INICIAR O ENCONTRO

- Recorde o que é um sacramento e diga que, neste encontro, irão descobrir um pouco mais sobre os sacramentos da Iniciação Cristã.

- Leia a introdução do tema e complemente que para ser cristão é preciso viver os sacramentos. Para mostrar a relação entre dizer e agir, faça uma associação de ideias: Quem diz que gosta de ler, mas nunca se interessa por livros, é um bom leitor? Quem diz torcer para determinado clube de futebol, mas não sabe nada sobre o time e seus jogadores, é um bom torcedor?

CRESCER COM A PALAVRA

- Nossa vida humana é marcada por acontecimentos – entrar para a escola, ter o primeiro emprego, casar-se ou até mesmo enfrentar uma doença, por exemplo – e nossa vida cristã é marcada pelos sacramentos. Os sacramentos da Iniciação Cristã são os primeiros que recebemos.

- Comente que nos primeiros tempos da Igreja não existia a catequese como os catequizandos vivenciam hoje.

- Na atividade 1, pergunte como imaginam que uma pessoa iniciava sua vida cristã nos primeiros tempos da Igreja e peça que escrevam em seus livros.

- Convide para a leitura do texto bíblico três catequizandos que darão voz a Pedro, à multidão e ao narrador. O texto escolhido é: At 2,36-42.

- Converse sobre o texto bíblico e explique, como está no livro do catequizando, que a condição para receber o Batismo é a conversão pessoal, isto é, a mudança de mentalidade e de vida a partir da aceitação da Palavra de Jesus. Mencione que os batizados participam da Eucaristia na comunidade – sacramento da comunhão entre os homens e com Deus. Recebendo os sacramentos – Batismo, Confirmação e Eucaristia –, a pessoa começa a viver uma vida nova em Cristo, guiada pelo Espírito Santo. Os sacramentos da Iniciação Cristã fazem parte do processo que insere a pessoa na comunidade-Igreja, como membro da família de Deus.

🕆 Leia de novo o versículo 39 e explore o título deste encontro. Os catequizandos devem compreender que Deus chama todas as pessoas, e a única condição é acolher e amar seu Filho Jesus.

🕆 Na atividade 2, oriente o grupo a observar e conversar em duplas sobre a ilustração. Peça depois que respondam às questões propostas.

🕆 Comentários sobre a ilustração: como toda porta que leva à mudança de lugar, os sacramentos da Iniciação Cristã levam à mudança de condição (tornar-se cristão). Os catequizandos devem se reconhecer naqueles que estão no caminho da Iniciação Cristã e ainda não passaram pela porta. Na ilustração, a Igreja, Corpo de Cristo, abriga vários membros – familiares, catequista, conhecidos da paróquia, padre, bispo.

🕆 Forme três grupos e oriente: cada grupo irá ler e conversar sobre o texto que aborda um dos sacramentos, depois todos irão partilhar o que compreenderam. Para ajudar, explique símbolos e gestos próprios de cada sacramento, fazendo associações entre a vida e o sacramento, conforme apresentado a seguir.

Batismo

- Água é vida e purificação. No Batismo, é sinal da morte para o mal e da vida nova para o bem, sendo associada ao nascimento para a vida em Cristo.
- Óleo é sinal da força de Cristo para vencer o mal.
- Luz é sinal da fé em Cristo, luz do mundo, que orienta nossa caminhada rumo ao Pai.
- Veste branca é associada à nova vida na comunidade de fé e à pureza de quem é lavado nas águas do Batismo.

Confirmação

- A unção com óleo é o gesto de marcar o cristão, o ungido, escolhido para uma missão.
- A imposição das mãos comunica os dons do Espírito Santo que levam à consumação da graça batismal. Esse gesto, na tradição católica, é reconhecido como a origem do sacramento da Confirmação, que perpetua a graça de Pentecostes na Igreja (cf. CIgC, n. 1288).

Eucaristia

- Pão é o Corpo de Cristo, como Ele disse na última refeição com os discípulos: "Isto é o meu corpo, que é dado por vós" (Lc 22,19)
- Vinho é o Sangue de Cristo: "A nova aliança no meu sangue, que é derramado por vós..." (Lc 22,20).

Jogo da memória

Forme dois grupos; se possível, com o mesmo número de catequizandos. Deixe todos os cartões com o lado escrito ou desenhado para baixo. Cada jogador vira dois cartões ao mesmo tempo. Se for um par correto (sacramento e símbolo), fica com eles e dá a vez a um jogador do seu grupo; se não formar um par correto, passa a vez ao outro grupo. Quando todos os cartões tiverem sido desvirados, cada catequizando dirá com uma palavra o que guardou sobre os pares que tem em mãos. Você pode, se achar conveniente, dar um "brinde" aos catequizandos do grupo vencedor.

- Seguindo a leitura do livro explique que, pelos sacramentos, Jesus nos chama para ficarmos ao seu lado. Comente que a convivência pode fazer com que as pessoas tenham gestos parecidos, usem palavras iguais.
- Para a atividade 3, promova uma conversa animada sobre as perguntas propostas no livro, para que os catequizandos pensem como é possível ficar parecido com Jesus.
- Sugestão: a canção *Amar como Jesus amou* pode concluir essa reflexão. Depois que o grupo ouvir, motive uma oração silenciosa pedindo para que cada um seja sempre mais parecido com Jesus.

CRESCER NO COMPROMISSO

- Volte à ilustração do livro: o caminho que aparece, e está sendo percorrido pelos catequizandos, indica que o caminho para ser cristão é formado por muitas ações. Leia o texto que motiva para o compromisso da semana e converse sobre tudo o que faz parte desse processo de Iniciação Cristã.

- Motive os catequizandos a pensarem sobre seu compromisso nesse caminho e peça que o registrem no livro.

- Não se esqueça de dizer que Jesus está junto de cada um, para dar forças e animar a cada passo.

CRESCER NA ORAÇÃO

- Motive para a oração recordando que Batismo, Confirmação e Eucaristia são presentes de Jesus para crescermos na fé, alimentando nossa vida cristã e fortalecendo nosso amor a Deus e aos irmãos. Devemos pedir que Deus nos ajude nessa caminhada e, também, ajude aqueles que estão conosco.

- Convide quatro catequizandos para que façam as preces, e todos juntos respondem.

Anotações

O AMOR DE DEUS NOS CHAMA PARA O SERVIÇO

7

Objetivo

Identificar os sacramentos do Serviço como sinais do compromisso de quem escolhe servir aos irmãos e à Igreja na responsabilidade de constituir uma família ou na entrega total à comunidade.

LEITURA ORANTE

- Reze o texto: Col 3,12-17.
- Pense em como vive essa Palavra em sua família e com seus catequizandos. Você se vê agradecido?
- Fale com Deus e peça que a sua Palavra habite em você, para que seja testemunha alegre e entusiasmada d'Ele.

FUNDAMENTAÇÃO PARA O CATEQUISTA

O Espírito Santo desperta vários dons nos cristãos; cada um usa os dons recebidos, mas isso se dá de diversas maneiras. Alguns homens são chamados para o serviço da Igreja, na entrega total à comunidade eclesial, e recebem o sacramento da Ordem; algumas pessoas recebem o sacramento do Matrimônio para servir ao Reino na responsabilidade de constituir uma nova família cristã. Ordem e Matrimônio são os sacramentos do Serviço. A base de todo serviço é uma só: o amor, ou tudo se torna inútil (cf. 1Cor 13).

Jesus escolheu doze discípulos e os enviou para pregarem (cf. Mc 3,14s). Para isso, compartilhou com eles sua própria missão (cf. Mt 10,8), preparando-os para serem seus sucessores, e os chamou de apóstolos, isto é, enviados (cf. Mc 6,30). Na Última Ceia, Jesus instituiu o sacramento da Ordem e os apóstolos receberam o mandato de celebrar a Eucaristia em memória da Ceia e da cruz do Senhor. Esse mandato se completou quando Jesus lhes deu autoridade para perdoar os pecados (cf. Jo 20,19-23).

Os apóstolos receberam de Jesus a plenitude do sacerdócio, ou seja, a missão de ensinar, governar e santificar a Igreja. A vocação sacerdotal é vocação de compromisso com a fé, estando ligada à comunidade – nela, com ela e para ela se realiza a missão sacerdotal. O celibato dos sacerdotes está fundamentado na linha do amor total, conforme Paulo escreve em 1Cor 7,32-34.

Ao ser ordenado, o sacerdote reveste-se de Cristo. No serviço do sacerdote é o próprio Cristo que está presente, como Cabeça da Igreja e Pastor do seu rebanho. Vestindo os paramentos litúrgicos, o sacerdote deve tornar visível que ali está "na pessoa de Cristo". A estola, faixa usada pelo sacerdote sobre os ombros, simboliza a autoridade espiritual e a dignidade sacerdotal. A casula, vestida sobre a túnica, simboliza o jugo do Senhor e a caridade que o sacerdote deve ter em relação aos fiéis – a oração para vestir a casula remete a Col 3,14.

A união entre homem e mulher está na criação (cf. Gn 2,18-24). Deus os abençoou e lhes entregou a Terra, onde deveriam se multiplicar (cf. Gn 1,28). Por isso precisamos olhar para o matrimônio com o olhar de Deus: uma aliança, ou seja, um compromisso de amor.

Em cada casal está o amor de Deus por seu povo, o amor de Cristo por sua Igreja. O matrimônio vivido na fé cristã é sinal da presença de Cristo na família e na sociedade. O sacramento do Matrimônio abençoa e consagra a união, santificando os esposos e seus filhos. A fidelidade mútua recorda a fidelidade de Jesus e a indissolubilidade é fundamentada no modelo de amor (cf. Mt 19,6).

Celebrando o sacramento do Matrimônio, homem e mulher se consagram um ao outro, prometendo fidelidade e cuidado mútuos. Os noivos constituem o sinal do sacramento do Matrimônio: homem e mulher, com seu espírito e seu corpo, entregam-se livremente um ao outro, plenamente e para sempre. Os noivos são os celebrantes da sua união. As alianças são sinal da fidelidade e do compromisso assumido um com o outro e com Deus.

O ENCONTRO

MATERIAIS

✓ Fotos de casamentos, famílias, padres, bispo e Papa.

✓ Bíblia, vela, estola, casula e alianças.

PARA INICIAR O ENCONTRO

- Servir é trabalhar em favor de uma pessoa, de uma instituição ou mesmo de uma ideia. Comece seu encontro apresentando o significado de servir e motive para o tema "sacramentos do Serviço", conforme introdução no livro.

CRESCER COM A PALAVRA

- Depois da leitura conjunta da frase inicial do encontro, explique que cada pessoa é chamada a colaborar com Jesus para continuar sua obra; e cada uma pode fazer isso de maneiras diferentes, de acordo com sua idade, capacidade, possibilidade. Motive os catequizandos para que se façam disponíveis a descobrirem como colaborar com Jesus, colocando-se a serviço do Reino e dos irmãos. Comente que sempre é possível colaborar com Jesus, até mesmo nas pequenas coisas do dia a dia.

- Para a atividade 1, peça que escrevam seus nomes indicando a vontade de colaborar com Jesus. É interessante fazer, antes, uma motivação ou pedir um instante de silêncio para que o grupo pense sobre o sentido de servir e colaborar com Jesus.

- Para auxiliar o desenvolvimento do tema do encontro, algumas perguntas podem ser feitas ao grupo, motivando uma partilha de ideias e compreensões:

    - Como imaginam que alguém se decide por tornar-se padre?
    - O que sabem sobre o sacerdócio, a vida diária dos padres e o que eles fazem?
    - Como imaginam que um casal decide passar a vida juntos?
    - O que é o casamento?

- Motive os catequizandos para que se manifestem livremente.

- Na sequência, leia com o grupo os parágrafos do livro sobre os sacramentos da Ordem e do Matrimônio. Retome algumas das respostas às perguntas sobre o sacerdócio e o casamento e faça ajustes, se necessário. Recorde que o pastor é aquele que cuida do seu rebanho para protegê-lo. Recorde também o encontro 1, no qual foi apresentada a Igreja da qual fazem parte padres, bispos e diáconos, isto é, os ministros ordenados.

- **Motive para a leitura bíblica conforme sugerido no livro do catequizando: Col 3,12-17.**

- Talvez seja necessário explicar o significado de algumas palavras não compreendidas pelo grupo. Suportar é dar sustento, carregar. São Paulo afirma que o amor é a base de tudo – da família, da amizade, da Igreja. Suportando, perdoando e ajudando uns aos outros, somos instrumentos de Deus para que sua vontade aconteça entre nós.

- Comente, depois da reflexão sobre o texto bíblico, que São Paulo fala sobre atitudes importantes, tanto na família como na comunidade. Oriente para a atividade do caça-palavras e provoque uma conversa sobre a questão proposta: "Você acha que as atitudes encontradas no caça-palavras são importantes na vida da família e da comunidade?". Cada catequizando assinala, em seu livro, a atitude que considera mais importante.

- Na atividade 3, em pequenos grupos, peça que conversem sobre as ilustrações e depois façam uma partilha no grupo. Ajude o grupo a completar a atividade 3, letra c – as palavras correspondentes a cada par de ilustrações são: ensino, partilha, amor à Palavra, perdão.

- Jesus disse que veio para servir, e não para ser servido (cf. Mt 20,28). Forme pequenos grupos para conversarem sobre essa afirmação e responderem à questão proposta na atividade 4: "Como Jesus serviu?". Ajude os catequizandos a perceberem Jesus como Aquele que conduz e ensina o povo (Pastor e Mestre).

- A partir das respostas do grupo, fale sobre a importância e o papel do sacerdote à frente da comunidade. Como Jesus, o sacerdote é também pastor e mestre do povo que lhe é confiado.

- Após ler e comentar o texto sobre o sacramento da Ordem, mostre os objetos expostos e pergunte quais são relacionados a ele. Explique o significado da estola e da casula. Peça aos catequizandos que façam o desenho, conforme proposto na atividade 5.

✝ Fale sobre o sacramento do Matrimônio, seguindo o texto que a ele se refere. Explique, também, o significado das alianças. Peça, então, que façam um desenho de acordo com o que orienta a atividade 6.

CRESCER NA ORAÇÃO

- Jesus tinha grande preocupação com o povo; sentia compaixão ao vê-lo cansado e abatido, como ovelhas sem pastor. Ele disse aos discípulos que rezassem para que Deus enviasse trabalhadores para o Reino, pastores que cuidassem do povo. Convide para rezarem juntos com esta intenção: que haja mais sacerdotes na comunidade e em todo o mundo.

CRESCER NO COMPROMISSO

- Os catequizandos irão escrever, durante a semana, uma mensagem ao padre da comunidade. No próximo encontro, recolha as mensagens e as encaminhe ao padre. Seria interessante se o padre estivesse presente no próximo encontro para uma breve conversa com o grupo.

- Com a família: os catequizandos irão conversar com os pais e avós sobre o sacramento do Matrimônio e perguntar como se formaram suas famílias. Lembre aos catequizandos de que a história da nossa família é a nossa história, fala da nossa origem, por isso é importante conhecê-la e valorizá-la. É muito importante compreender que hoje existem diferentes configurações familiares, e que todas elas precisam ser acolhidas e valorizadas.

- Para fazer a vivência do que foi trazido nesse encontro, oriente os catequizandos a escreverem em papel A4 as palavras do caça--palavras que considerarem mais importantes para a vida em família e na comunidade. Peça que escolham um lugar visível em seus quartos para deixar a folha exposta. Explique que assim poderão recordar que devemos seguir o exemplo de Jesus e procurar servir, na família e na comunidade. Os catequizandos irão escolher uma atitude para praticar durante a semana em casa, na comunidade e com os amigos.

8 O AMOR DE DEUS NOS CHAMA PARA VIVERMOS MELHOR

Objetivo

Compreender que os sacramentos da Cura são expressão do amor de Deus em nossa vida para nos libertar de todo o mal, no corpo e na alma, e nos reconciliar com Ele, conosco e com os irmãos.

LEITURA ORANTE

- Prepare-se para o encontro rezando o texto: Tg 5,13-15.
- Você percebe o amor de Deus também nas situações de sofrimento?
- Agradeça a Deus por sua presença, força e amor em sua vida, especialmente nos momentos de dificuldade ou dor.

FUNDAMENTAÇÃO PARA O CATEQUISTA

Jesus convidou à conversão (cf. Mc 1,15), acolheu pecadores (cf. Lc 19,1-10) e curou enfermos, manifestando seu perdão (cf. Mt 9,1-8). Na Última Ceia, instituiu o sacrifício da Nova e Eterna Aliança em seu sangue para o perdão dos pecados (cf. Mt 26,28); ressuscitado, enviou o Espírito Santo aos apóstolos, para que tivessem o poder de perdoar em seu Nome (cf. Jo 20,22s). A Igreja continua essa obra de cura, sem deixar de convidar as pessoas à conversão e de manifestar a vitória de Jesus sobre o mal e o pecado.

Pecar é recusar e negar amor a Deus, aos irmãos, a nós mesmos e a toda a criação. Nosso grande pecado é não amar, pois fomos criados à imagem e semelhança do Deus Amor. As consequências do pecado atingem não apenas a nós mesmos, mas a nossa família, a Igreja e toda a sociedade, gerando injustiça e dor. O sacramento da Reconciliação é um encontro com Deus que é Pai (cf. Lc 15,11-32), é não deixar que nossos caprichos ou fraquezas tomem conta da nossa vida. Arrependidos e movidos pela graça, respondemos ao amor misericordioso de Deus, que nos amou primeiro (cf. CIgC, n. 1428), e renovamos nossa ligação com o Pai, com os irmãos e com a Igreja.

O sacramento da Unção dos Enfermos é uma graça de Deus para quem enfrenta as dificuldades próprias das enfermidades ou da idade avançada (cf. CIgC, n. 1527). A unção foi instituída por Jesus (cf. Mc 6,13) e recomendada por Tiago (cf. Tg 5,13-15) para confortar, aliviar e animar o cristão confiante na misericórdia de Deus. A unção com óleo é sinal da força do Espírito Santo que acompanha o doente ou o idoso; a oração, em nome do Senhor, recupera a pessoa para assumir com esperança e coragem as dificuldades da doença e da idade.

O ENCONTRO

MATERIAIS

- ✓ Um crucifixo, colocado em local de destaque.
- ✓ Providencie uma cartela de bingo para cada catequizando com três linhas e três colunas. Nas casas, aleatoriamente, escreva uma palavra relacionada aos sacramentos da Cura: óleo, oração, sacerdote, perdão, força, unção, doente, idoso, cura, faltas. Na casa do centro das cartelas, escreva JESUS. Providencie, também, grãos de feijão para a marcação dos acertos.

PARA INICIAR O ENCONTRO

- Pergunte ao grupo o que é ser curado e quem precisa ser curado.
- O grupo recorda alguma cura praticada por Jesus? Deixe que se manifestem, depois comente que Ele curava as doenças do corpo e do espírito, porque veio ao mundo "para que todos tenham vida, e a tenham em abundância" (Jo 10,10).

- Continue a motivação para o encontro a partir do que está no texto introdutório.

CRESCER COM A PALAVRA

- Quando Jesus curava as pessoas, revelava seu amor por todos.

- Leitura da carta de Tg 5,13-15.

- Sugere-se que essa leitura seja feita pelo catequista. Após a leitura, proponha um momento de silêncio para refletir sobre a Palavra proclamada.

- Explique o sentido da unção – gesto bem anterior à época de Jesus, que significava força para desempenhar uma missão. Tiago recomenda a oração e a unção pelo sacerdote para fortalecer e recuperar doentes ou sofredores. A Tradição da Igreja entendeu nesse rito próprio em favor dos doentes um sacramento.

- Dois grupos de palavras se destacam no texto bíblico: no primeiro encontramos sofrimento, doença e pecado; no segundo vemos unção, oração, Igreja, óleo, perdão e sacerdote. Converse com os catequizandos sobre como os dois grupos se relacionam e oriente para a atividade proposta.

  - Respostas para a atividade 1: oração; doença, sacerdote; óleo, pecado, sofrimento; Senhor, perdão.

- Forme duplas para observarem a ilustração, conversarem e responderem às questões propostas na atividade 2. Na sequência, faça uma partilha das respostas no grupo.

- Haverá encontros específicos sobre o pecado, o perdão e o sacramento da Reconciliação. Por isso, neste encontro, apresente esse sacramento comentando que todos nós cometemos faltas, e elas nos afastam de Deus. Lembre-se de que o mais importante é destacar o amor e a misericórdia de Deus.

- Com a leitura do texto sobre esse sacramento, explique que, assim como a doença precisa ser tratada para não prejudicar o funcionamento do corpo, o pecado atinge nosso coração e nosso espírito, sendo necessário tratá-lo para não destruir nossa dignidade de pessoas humanas. O sacramento da Reconciliação é a cura para as nossas faltas.

✝ Para introduzir o tema do sacramento da Unção dos Enfermos, pergunte como os catequizandos se sentem quando estão doentes ou quando se machucam, quem costuma cuidar deles e como gostam de ser tratados. Recorde a atenção que Jesus dava aos enfermos; a Igreja, seguindo os seus passos, procura aliviar o sofrimento do povo.

✝ Leia o texto sobre o sacramento da Unção dos Enfermos. Se achar necessário, leia novamente o texto bíblico (Tg 5,13-15). Mostre que o rito do sacramento da Unção inclui o que São Tiago orientou: a unção com o óleo dos enfermos, sinal do Espírito Santo, e a oração que dá esperança para suportar a dor, a doença ou as dificuldades da velhice. Conclua reforçando a importância de respeitar os doentes e os idosos, com atenção às suas necessidades, na medida do possível, mantendo-se ao lado deles para que superem os momentos mais difíceis.

✝ São Tiago falou sobre a importância da oração para enfrentar as doenças. Jesus afirmou que podemos ter confiança em nosso Pai do Céu, porque Ele sabe das nossas necessidades.

✝ Explique que erguer as mãos aos céus é sinal de confiança em nosso Pai, que acolhe nossos pedidos, e oriente para a atividade: escrever nas mãos da ilustração os nomes de familiares ou pessoas conhecidas que estão doentes ou são idosos.

✝ Pode colocar um canto sobre o amor de Deus enquanto os catequizandos realizam a atividade. Motive, na sequência, para uma oração silenciosa por essas pessoas: um pedido para que Jesus cuide dos doentes, dos que sofrem e dos que precisam de amor.

Dinâmica do bingo

Entregue a cada catequizando uma cartela e alguns grãos de feijão. Ao dizer, aleatoriamente, "sacramento da Reconciliação" ou "sacramento da Unção dos Enfermos", os catequizandos irão marcar em seus cartões uma palavra relacionada ao sacramento mencionado. Quando completar uma linha ou uma coluna, o catequizando irá explicar o que significam as palavras para o sacramento a que se referem. Ao final, poderá ser entregue um pequeno prêmio ao vencedor.

CRESCER NO COMPROMISSO

- Para quem enfrenta uma doença e para os idosos é sempre bom poder estar com pessoas que levem alegria e conforto. Explore com os catequizandos o tema do respeito, da paciência e da valorização da vida dos idosos e dos enfermos. Depois de ler a proposta de compromisso, motive para que façam uma pequena lembrança para entregar à pessoa que será visitada.

CRESCER NA ORAÇÃO

- Para concluir o encontro e motivar para a oração, reforce: Deus perdoa as nossas faltas e cura os nossos males porque Ele é cheio de amor por nós (cf. Sl 103(102),3.8). É esse amor infinito de Deus que Jesus quer nos fazer sentir.

- Façam juntos a oração sugerida e, depois, dê a bênção aos catequizandos conforme é proposto no livro.

Anotações

JESUS QUER NOS DAR ÁGUA VIVA

9

Encontro celebrativo

Objetivo

Compreender que Jesus se oferece para estar ao nosso lado para nos transformar e nos aproximar do Pai.

LEITURA ORANTE

- Para bem conduzir esta celebração, faça a leitura orante do texto: Jo 4,5-26.

- Faça uma oração pessoal, pedindo a graça de nunca renunciar à "água viva" que Jesus nos oferece.

FUNDAMENTAÇÃO PARA O CATEQUISTA

O encontro de Jesus com a mulher samaritana nos mostra que Deus está sempre presente em nossa história. Por meio de Jesus, Deus nos oferece a vida plena, e não uma felicidade ilusória e parcial.

O texto bíblico inspirador deste encontro celebrativo (Jo 4,5-26) é a primeira catequese do "Livro dos Sinais" (Jo 4,1-11,56); por meio do sinal da água, João fala sobre a ação vivificadora de Jesus.

O poço, na tradição judaica, sinaliza a Lei – do poço da Lei brota a água que mata a sede de vida do povo de Deus. Jesus sentou-se junto ao poço e propôs à mulher uma "água viva", capaz de acabar em definitivo com sua sede de vida eterna (cf. Jo 4,10-14).

A água do poço não satisfaz para sempre, e não satisfaz o que quer o coração; o poço tem uma quantidade limitada de água.

Jesus é o novo poço, onde todos os que têm sede de vida plena são saciados. Ele é uma fonte completa, perfeita e perpétua. Que água é essa que Ele ofereceu? É a "água viva", a "água do Espírito". Acolhendo esse Espírito em seu coração, o homem é transformado e se torna capaz de amar a Deus e os outros. Jesus deixou claro à mulher que não se tratava desse ou daquele caminho religioso (judeus ou samaritanos), mas de acolher a sua Boa-Nova, aderir a Ele e aceitar sua proposta de vida.

O cântaro representa tudo o que nos dá acesso a falsos projetos de felicidade. A mulher deixou seu cântaro ao se encontrar com Jesus; o cântaro era seu poder, e ela se rende diante de Jesus – mostrando que abandona a busca egoísta de felicidade e abraça a proposta de vida plena que Ele apresenta.

Segundo Almeida (2016, p. 38), "A passagem nos deixa um apelo para buscar a água viva; será que estamos nos contentando com águas poluídas ou insuficientes para o nosso coração?". Essa "água viva" que Jesus tem para oferecer nos recorda o Batismo, início da caminhada cristã, marca definitiva dos filhos de Deus, sacramento que nos insere na família de Deus.

A CELEBRAÇÃO

MATERIAL

- ✓ Uma imagem da cena do encontro de Jesus com a mulher samaritana.
- ✓ Um suporte alto para a Bíblia, do qual será feita a Proclamação do Evangelho.
- ✓ Um copo plástico descartável.
- ✓ Providencie som de água como música ambiente.

PREPARANDO A CELEBRAÇÃO

- Convide os catequizandos que irão ajudar durante a celebração.

ACOLHIDA

Catequista: Queridos catequizandos, alegres por estarmos reunidos, iniciemos: Em nome do Pai e do Filho e do Espírito Santo.

Todos: Amém.

Catequista: "Sou feliz!", é o que Deus quer ouvir de nós, por isso Ele nunca nos abandona. Por querer tanto estar perto de nós, Ele enviou seu Filho Jesus para ficar ao nosso lado e falar sobre o tamanho do seu amor por cada pessoa. Jesus se preocupava com as pessoas e ficava triste quando via que se afastavam do Pai. Ele procurava quem precisava se encontrar com o Pai. E podemos ter certeza: quando ficamos com Jesus, estamos perto da felicidade que nosso Pai do Céu quer para nós!

PROCLAMAÇÃO DA PALAVRA

Catequista: Um dia, Jesus encontrou uma mulher que tinha ido pegar água em um poço. Jesus conversou com ela, pediu água e falou sobre a "água viva" que tira a sede para sempre. Vamos ouvir como foi esse encontro de Jesus com uma mulher samaritana, conforme São João apresenta em seu Evangelho: Jo 4,5-26.

Canto de aclamação (Selecione um canto de aclamação bem conhecido pelo grupo).

REFLEXÃO SOBRE A PALAVRA

Catequista: A mulher tinha ido ao poço buscar água; Jesus se encontrou com ela, como Deus que vem ao nosso encontro para nos envolver com seu amor.

Catequizando 1: A mulher ouviu Jesus e se deu conta de que poderia matar a sede com as coisas que tinha, mas logo voltaria a ter sede novamente.

Catequista: Sentado junto ao poço, Jesus ofereceu à mulher uma "água viva", capaz de matar definitivamente sua sede. Jesus é o novo poço, tem uma água que acaba a sede de vida, de felicidade, de amor.

Catequizando 2: A mulher, no início da conversa com Jesus, parecia confusa; queria mudar sua vida, queria ser feliz, mas não sabia como fazer isso.

Apresente aos catequizandos as ideias propostas aqui para a compreensão da mensagem do texto bíblico. Use suas palavras e situações conhecidas pelo grupo, para facilitar o entendimento.

Vocês sabiam que mais da metade do peso do nosso corpo é água? E sabiam que uma pessoa pode resistir a apenas três dias sem água? Sem água, a quantidade de sangue em nosso corpo diminui, perdemos a coordenação motora, sentimos cãibras e até podemos desmaiar. É por isso que a água é um bem tão precioso, todas as pessoas precisam de água para viver!

Para bebermos essa água, tão importante para continuarmos vivos, precisamos de quê? (Deixe que os catequizandos respondam.) Precisamos ter um copo. Mostre ao grupo um copo plástico descartável comum e diga que irá falar sobre coisas comuns que os catequizandos costumam fazer no dia a dia, em casa, na escola, com os amigos, na comunidade – quem achar que foi uma coisa boa, deve aplaudir; caso contrário, deve ficar em silêncio.

Sugestões: ajudar os pais em casa / ser preguiçoso; ajudar o irmão mais novo / ser egoísta; fazer as tarefas da escola / não estudar; ser gentil com os colegas / brigar com um amigo; rezar todos os dias / não ir à missa no domingo; falar a verdade / dizer mentiras; ajudar com as coisas do cachorro em casa / só querer brincar com ele; e outras mais que você queira incluir. Sempre que não receber aplausos de todos, rasgue o copo (do alto à base). Ao final, diga que está com sede, mas não poderá usar o copo. Por que o copo está imprestável? Porque quando o grupo não aplaudia as ações, você rasgava o copo – ele está bem destruído, porque foram muitas as ações que não mereceram aplausos. O que isso representa?

Relacione ao texto bíblico:

Jesus quer nos dar a "água viva" que mata a nossa sede, mas para receber essa água precisamos que nossa vida (o copo) possa ser preenchida com ela. Jesus quer encher a nossa vida com seu amor! Para isso, precisamos abandonar e recusar tudo o que nos impede de receber essa "água viva". O encontro com Jesus transformou a mulher samaritana, que abandonou o antigo cântaro, porque não precisava mais dele; ela havia encontrado Jesus, a fonte de "água viva".

Catequista: Jesus falou sobre algo novo; Ele oferecia uma proposta de vida nova. A mulher respondeu abandonando o cântaro, que se tornou inútil, e correndo para anunciar aos habitantes da sua cidade seu encontro com Jesus. Em silêncio, imagine que está sentado perto do poço de Jacó, ouvindo a voz de Jesus que fala com a mulher samaritana. Peça a Jesus essa "água viva".

Canto: *És água viva* (Padre Zezinho).

Catequista: Deus quer se encontrar com cada um de nós; um encontro que acontece por meio de Jesus, assim como Jesus se encontrou com a mulher samaritana. Jesus se oferece para transformar a nossa vida, para ajudar a abandonar o que não traz felicidade. A "água viva" que Jesus quer nos dar é sua presença em nós, transformando-nos para ficarmos mais perto de Deus.

BÊNÇÃO FINAL

Catequista: Queridos catequizandos, vamos em paz. Que Deus nos abençoe: Em nome do Pai e do Filho e do Espírito Santo.

Todos: Amém.

Catequista: Louvado seja Nosso Senhor Jesus Cristo!

Todos: Para sempre seja louvado!

Canto: *És água viva* (Padre Zezinho)

Anotações

DEUS É MISERICÓRDIA, É PERDÃO, É AMOR

10 O pecado nos afasta de Deus

11 Deus é perdão

12 Deus é amor

13 Encontro celebrativo
   Setenta vezes sete

Só quando temos consciência da grandeza do dom de Deus oferecido nos sacramentos da Iniciação Cristã é que conseguimos compreender o pecado como algo que não deve existir naquele que se "vestiu de Cristo" (cf. Gl 3,27).

Deus nos indica um caminho a ser seguido, mas somos livres e podemos escolher dizer "não" a Ele. Esta negativa a Deus, motivada pelo orgulho, pelo egoísmo e pela autossuficiência, é o pecado: uma realidade sempre presente na história e impossível de ser ignorada (cf. CIgC, n. 386), capaz de trazer tristes consequências não apenas para os próprios pecadores, mas para a Igreja e para o mundo (cf. CIgC, n. 1488).

Maior do que o pecado, porém, é a misericórdia de Deus, sempre presente em nossa vida. O próprio Jesus, Filho de Deus, foi enviado para nos redimir dos pecados e nos ensinar o caminho para a reconciliação. Jesus perdoa e deixa à Igreja o poder de perdoar os pecados. Fiel à missão recebida de Jesus, a Igreja continua chamando as pessoas à reconciliação, promovendo e restaurando a justiça e a caridade nas relações entre elas.

Em Jesus, encontramos o convite para mudarmos de vida e nos reconciliarmos com Deus e com os irmãos. O arrependimento é a aceitação da vida de Deus em nossa vida; arrependidos, clamamos pelo perdão. A catequese precisa destacar a misericórdia de Deus e a alegria do perdão, levando o catequizando à compreensão de que Deus tudo faz para nos dar a verdadeira vida e despertando nele total confiança no Pai. Só assim a prática do perdão – pedir perdão, oferecer o perdão – pode se tornar verdadeira marca no agir cristão.

O PECADO NOS AFASTA DE DEUS

10

Objetivo

Reconhecer o sentido do pecado, assim como suas consequências pessoais e sociais.

LEITURA ORANTE

- Leia e reflita sobre o texto: Gn 3,1-13.
- Que critérios você usa para fazer suas escolhas na vida?
- Em sua oração, agradeça a Deus o dom da liberdade e peça sabedoria e discernimento para não se afastar dos seus caminhos.

FUNDAMENTAÇÃO PARA O CATEQUISTA

Na primeira narrativa da criação, no primeiro capítulo do livro do Gênesis, o plano de Deus inclui criar a humanidade. Tendo criado o homem e a mulher, Deus considerou que sua obra era muito boa (cf. Gn 1,31). O texto bíblico nos ensina que cada ser humano é criado por amor, criado à imagem e semelhança de Deus (cf. Gn 1,26a) e chamado à vida para amar e buscar a sua vontade. A pessoa humana é alguém, é capaz de se conhecer, de se possuir e de livremente se dar e entrar em comunhão com outras pessoas (cf. LS, n. 65).

O ser humano foi chamado por Deus para ser livre, o que não significa fazer o que quiser. A liberdade deve ser vivida com responsabilidade e conforme a sua Palavra: "Escolhe, pois, a vida" (Dt 30,19).

Escolher a vida é assumir o compromisso com o Reino, evitar o mal e seguir o caminho do bem, amando a Deus em primeiro lugar.

Deus respeita as nossas decisões. Para Ele, cada pessoa, vivendo sua liberdade, assume as consequências de suas escolhas, boas ou más, porque Deus, infinitamente bom, acredita que faremos a escolha certa.

O ser humano, no entanto, desobediente e autossuficiente, escolheu separar-se de Deus; o pecado é esse afastamento d'Ele que gera injustiças e sofrimento. É uma falta contra a verdade e a consciência reta; é negar o amor verdadeiro a Deus e ao próximo, ferindo a natureza da pessoa e ofendendo a solidariedade humana. (cf. CIgC, n. 1849).

A narrativa bíblica da criação sugere, para a existência humana, três relações fundamentais e intimamente ligadas: as relações com Deus, com o outro e com a Terra. Tais relações, de acordo com a Escritura Sagrada, foram rompidas exteriormente e dentro da pessoa humana. Essa ruptura é o pecado, que quebra a harmonia entre o Criador, a humanidade e a criação, quando o ser humano pretende ocupar o lugar de Deus e se recusa a reconhecer suas próprias limitações (cf. LS, n. 66).

Só é possível compreender o que é o pecado se reconhecermos a ligação profunda do ser humano com Deus; fora dessa relação, o mal do pecado não é identificado (cf. CIgC, n. 386). No mundo são muitas as situações de pecado nascidas de palavras, atos, desejos e omissões – injustiça, marginalização, corrupção, miséria, fome, opressão, violência, desigualdade e outras. Todas essas situações estão em total desacordo com a dignidade do ser humano e com o plano de Deus.

O pecado grave – pecado mortal – destrói a caridade no coração do ser humano, infringe gravemente a Lei de Deus e d'Ele se desvia; o pecado venial, menos grave, não destrói a caridade, mas é também ofensa a Deus (cf. CIgC, n. 1854-1855).

O ENCONTRO

MATERIAIS

✓ Apresente imagens que mostrem situações opostas, como: jovem bebendo enquanto dirige e jovens rindo tranquilos em um carro; morador de rua recebendo refeição e homem em um lixão; grupo de crianças brincando com um cão e grupo de crianças brincando com um cão com uma criança sentada sozinha, olhando para o grupo que brinca; praia limpa e bonita e praia com lixo plástico.

PARA INICIAR O ENCONTRO

- Introduzindo o tema do encontro, fale ao grupo sobre a criação: Deus criou tudo por amor aos homens, e viu que tudo era muito bom. Leia o texto introdutório, dizendo que neste encontro irão refletir sobre o significado de recusar o amor que Deus nos oferece.

CRESCER COM A PALAVRA

- A partir da leitura do texto inicial no livro do catequizando, reforce a ideia do que é o Reino de Deus e de como Jesus queria que todos entendessem esse Reino.

- Mostre imagens com cenas opostas e incentive o grupo a comentar e a identificar as situações em que não se cumpre a vontade de Deus.

- Motive os catequizandos a partilharem o que pensam sobre as situações que contrariam a vontade de Deus para o ser humano, conforme a atividade1.

- É importante dar espaço para que os catequizandos falem das suas preocupações, experiências e expectativas. Lembre-se de ser portador da Boa-Nova, esclarecendo e, ao mesmo tempo, acolhendo e confortando os catequizandos que demonstrarem algum sofrimento, sendo instrumento de conforto para eles.

- Continue com a leitura do livro e encaminhe para a leitura bíblica.

- Leia o texto bíblico proposto: Gn 3,1-13.

  - Sugestão: leitura dialogada com um narrador, a serpente, a mulher, o homem e Deus.

🕂 Convide o grupo a refletir sobre esse texto bíblico. Algumas sugestões para motivar a reflexão:

- Gn 3,2-3: Deus sempre quer o melhor para nós, por isso pede que nos "alimentemos" com o que nos faz bem e evitemos o que não é bom para a nossa vida. Que "alimento" Deus pede que eu não coma, isto é, o que devo evitar em minha vida?

- Gn 3,6: Comer o fruto proibido é seguir o caminho da nossa escolha, abandonando a vontade de Deus. Já escolhi um caminho que não foi bom para mim?

- Gn 3,7-10: Ficar nu é tomar consciência de si perante Deus, e o homem sente vergonha por sua desobediência. As folhas são como máscaras, escondendo a falta de humildade para se reconhecer culpado. Já tentei me esconder de Deus e de outras pessoas com desculpas, omissões, mentiras?

- Gn 3,12-13: A mulher e o homem foram tentados, cederam à tentação e usaram justificativas para não reconhecerem seu erro. Reconheço quando faço alguma coisa que não é boa? Reconheço quando me deixo levar por alguma tentação oferecida por um amigo, uma propaganda, um filme?

🕂 Se for adequado ao grupo, enquanto conduz a reflexão sobre o texto bíblico, coloque uma música instrumental em volume baixo. É importante incentivar a participação dos catequizandos, mas não se esqueça de que é um momento de reflexão.

🕂 Converse com o grupo sobre a ilustração e a frase abaixo dela, comentando a razão da "escolha" de Deus, que é o seu amor pela humanidade toda. Pergunte por que, em muitas situações, já não vemos mais o paraíso criado e desejado por Deus. Não se esqueça de dizer que o ser humano faz muitas escolhas boas, e não apenas escolhas ruins, mas é preciso que todos reconheçam que as consequências das más escolhas podem ser grandes e afetar muitas pessoas ou o ambiente em geral.

🕂 Considerando o texto no livro do catequizando, explore escolhas, consequências e responsabilidades, complementando quando necessário. Comente a escolha feita por Adão e Eva e sua consequência. Não se esqueça de que o grande destaque deve estar no amor infinito de Deus por cada pessoa!

- A partir dos comentários sobre escolhas, consequências e responsabilidades, continue com a leitura do livro, explicando o significado do pecado. Comente como ele afeta quem o comete e outras pessoas, afastando de Deus.

- Oriente para a dramatização sugerida.

- Na atividade 2, forme pequenos grupos para apresentar uma situação mostrando duas escolhas: uma acertada e outra equivocada. Cada grupo irá escolher uma das palavras sugeridas para a sua dramatização. Defina um tempo de preparação e um tempo de apresentação das dramatizações; em cada situação, auxilie o grupo a indicar consequências das escolhas nas apresentações. Os catequizandos devem ser ajudados a reconhecer nas escolhas apresentadas aquelas que são fruto do egoísmo, da indiferença, da inveja, atingindo não só a própria pessoa, mas outras, a natureza, a sociedade. É importante criar condições para que os catequizandos se expressem e possam se identificar com situações nas quais experimentam algum tipo de limitação, revolta, raiva ou medo.

- Comente as dramatizações, reforçando a importância de fazermos boas escolhas em nossas vidas. Fale sobre como Jesus agia diante das pessoas que cometiam faltas, conforme o texto do livro do catequizando. Pergunte como pensam que Jesus nos ajuda a fazer boas escolhas e a nos afastar do pecado, e explore como Jesus nos ensina, nos orienta e nos auxilia. Comente que Jesus é Aquele que nos orienta a escolhermos o que nos faz felizes e leva felicidade às outras pessoas. Evitar o pecado é esforçar-se para não ceder às tentações que estão diante de nós.

- Explique o que diferencia um pecado grave de um pecado mais leve, dando exemplos:
  - Pecado grave: espalhar uma grande mentira, de propósito, para prejudicar um colega.
  - Pecado leve: uma resposta mal-educada ou uma desobediência aos pais.

CRESCER NA ORAÇÃO

- A oração quer levar os catequizandos à compreensão de que Jesus nos liberta do mal e nos fortalece contra as tentações do mundo.

- Faça um instante de silêncio para iniciar o momento de oração. Diga ao grupo que cada um deve pensar sobre como procura seguir o que aprende com Jesus – na catequese, na missa, no exemplo de alguma pessoa. Não se esqueça de destacar o amor de Deus por cada pessoa: diante d'Ele somos preciosos, mesmo com nossos erros, e Ele vem ao nosso auxílio para não nos deixar cair nas tentações.
- Convide quatro catequizandos para recitarem as preces, e todos juntos dizem a resposta.

CRESCER NO COMPROMISSO

- A família é comunidade onde acontecem várias experiências de convivência – conflito, afeto, solidariedade, partilha, tudo está presente nela. Por isso ela se torna lugar de aprendizado para a convivência entre irmãos, filhos do mesmo Pai.
- Sugestão: procure ler o número 229 do *Diretório para a Catequese* para motivar o grupo ao compromisso da semana.
- Apresente a família sob essa perspectiva, de acordo com a capacidade de compreensão dos catequizandos, preparando-os para o compromisso sugerido. Os pedidos das preces apresentados no encontro podem ser inspiração para os catequizandos: saber ouvir, ajudar o outro, em tudo procurar praticar os ensinamentos de Jesus e permanecer em seu amor.

DEUS É PERDÃO 11

Objetivo

Reconhecer a grandeza da misericórdia de Deus e sua disposição em nos perdoar.

LEITURA ORANTE

- Prepare-se para o encontro refletindo sobre o texto: Lc 15,11-32.
- Observe os gestos e as palavras dos personagens. Como eles iluminam sua reflexão?
- Reze:
Pai de misericórdia, quero ser capaz de mostrar vossa misericórdia aos meus catequizandos e despertar neles a confiança no vosso amor e no vosso perdão. Ajudai-me, Senhor!

FUNDAMENTAÇÃO PARA O CATEQUISTA

O amor de Deus não tem limite. Ele nos ama e nos perdoa, mesmo quando não somos merecedores. Ele quer nos transformar e nos salvar, ainda que muitas vezes não valorizemos o quanto custou a nossa salvação. Deus é amor (cf. 1Jo 4,8); Ele é também misericórdia e perdão, porque do amor vem a misericórdia, e dela, o perdão.

De sua experiência com Deus, o povo de Israel logo testemunhou que, diferentemente dos ídolos, Ele era o "Deus vivo" (cf. Dt 5,26) que libertava da opressão (cf. Ex 3,7-10), perdoava incansavelmente (cf. Ex 34,6) e restituía a salvação perdida (cf. Is 38,16; cf. DAp, n. 129).

Jesus perdoava os pecados e tornava visível o efeito do perdão: reintegrar os pecadores perdoados na comunidade do povo de Deus, da qual o pecado os havia afastado. Isso fica evidente ao lermos os textos sobre Jesus ao lado de pecadores, expressando o perdão de Deus e o retorno ao meio do seu povo (cf. CIgC, n. 1443).

A misericórdia do Pai não nos alcança sem o nosso perdão a quem nos ofendeu; assim Jesus ensinou. Se nos recusamos a perdoar o outro é porque não conhecemos de verdade a misericórdia de Deus e nosso coração se fecha ao seu amor (cf. CIgC, n. 2840). Para muitas pessoas, o Pai é ainda um desconhecido, e isso impede a experiência de encontro íntimo e pessoal com Ele.

LEIA PARA APROFUNDAR

- *Diretório para a Catequese*, números 12-15, 107, 161, 175, 390 e 398.

O ENCONTRO

MATERIAIS

✓ Faça dois cartazes: um com desenhos ou gravuras de abraços; e outro com as palavras "Perdão é..." escritas no alto da folha de cartolina.

✓ Providencie canetinhas coloridas.

PARA INICIAR O ENCONTRO

- Leia o texto introdutório do livro, comentando que neste encontro irão conhecer como Deus gosta de nos ter perto e tudo faz para que não nos afastemos d'Ele. Para isso, você irá recorrer a um gesto muito comum entre as pessoas: o abraço.

- Pergunte quais formas de abraço o grupo conhece: de ladinho (os amigos ficam lado a lado para se abraçarem), de urso (bem apertado), clássico, com um extra (com tapinhas nas costas), instantâneo (muito rápido), do coração (cheio de afeto, prolongado), entre outros que você queira usar na conversa. Convide duplas de catequizandos para representarem os tipos de abraço, depois pergunte a elas o que sentiram e pergunte ao grupo o que percebeu em cada abraço.

- Questione quem os catequizandos mais gostam de abraçar e o porquê. Valorize e comente cada resposta.

CRESCER COM A PALAVRA

- Para o grupo, o que representa um abraço? Depois das ideias apresentadas, peça que escrevam em seus livros o que cada um pensa sobre um abraço.

- Pergunte: Como podemos mostrar a alguém que somos agradecidos? E a Deus? Recorde brevemente o que foi visto no encontro anterior sobre escolhas e pecado, depois motive a leitura do texto do livro. Comente que, quando não fazemos boas escolhas, podemos trazer problemas para a nossa vida e a vida de outras pessoas, mas Deus sempre está disposto a nos ajudar a mudar essa situação.

- Explique o que é uma parábola: uma pequena história, com fatos comuns da vida das pessoas, para trazer ensinamentos. Para isso, as parábolas utilizam simbolismos. Diga que Jesus gostava de usar parábolas para que as pessoas pensassem sobre o que Ele queria ensinar e, neste encontro, os catequizandos irão refletir sobre a parábola do Pai Bondoso.

- Encaminhe de forma dialogada – narrador, pai, filho mais novo, filho mais velho e criado – a leitura do texto bíblico: Lc 15,11-32.

- Leia o texto, comentando que quando não entendemos bem alguma coisa podemos ser levados a realizar escolhas que não nos fazem bem. Diga que foi esse o caminho escolhido pelo filho mais novo na parábola. Oriente o grupo para realizar a atividade 2, destacando o percurso desse filho: tentação de seguir a própria escolha, receber a herança, sair de casa, gastar o que recebeu, sentir solidão, tristeza e abandono, reconhecer sua situação, arrepender-se, decidir voltar, pedir perdão, conforme as diferentes marcações no caminho do labirinto. A cada passo no labirinto, pergunte como o grupo entende seu significado para a relação do filho mais novo com seu pai.

- Motive uma reflexão sobre a parábola do Pai Bondoso.

- Sugestões para uma reflexão sobre a parábola:

    - Cada um lê novamente o texto em silêncio, marcando em sua Bíblia o que mais o tocou.

- Deus nos criou para vivermos sempre perto d'Ele, fazendo a experiência do seu amor. Ele quer que sejamos felizes, vivendo em harmonia com todos e em paz. Mas quando escolhemos quebrar essa aliança, esse pecado nos impede de vivermos felizes.

- O que ensina o filho mais novo, que se afasta do pai e, quando percebe seu erro, volta e pede perdão?

- O que ensina o filho mais velho, que não aceita a volta do irmão para casa?

- O que aprendemos com a atitude do pai, que de longe reconhece seu filho e sente compaixão (isto é, sofre junto, cuida da dor do filho, fica ao lado do filho)?

- Deus se alegra conosco quando escolhemos tentar não errar. Entendemos isso?

✝ A partir da reflexão, oriente o grupo a responder às questões propostas sobre a parábola na atividade 3.

✝ Retome a dinâmica do abraço. Pergunte ao grupo o que o abraço com o qual o pai recebeu de volta seu filho transmite. Ajude-o, se necessário, a identificar acolhimento, perdão, saudade, amor. Faça uma associação desse abraço do pai com o abraço de que mais gostam os catequizandos, como disseram anteriormente.

✝ Peça que observem a ilustração, tendo presente a parábola. Explique que cada um deve se colocar no lugar de quem é abraçado na ilustração e escrever, na atividade 4, o que gostaria de dizer a quem o abraça.

✝ Explique o significado de misericórdia e perdão, conforme apresentados. Para complementar a compreensão da parábola, explore esses significados falando sobre os dois ensinamentos de Jesus, seguindo o texto do livro, e motive para a atividade 5, para que os catequizandos expressem quais são as pessoas em quem identificam a misericórdia, o amor e o perdão de Deus presentes em sua vida.

✝ Para a atividade 6 é necessário buscar no texto bíblico as situações relacionadas a cada uma das frases apresentadas.

- Respostas para a atividade 6:
  - Só age assim quem confia muito no amor do pai: o filho mais novo percebeu seu erro, arrependeu-se e voltou para casa (Lc 15,17-20a).
  - Só age assim quem tem amor infinito por seu filho: o pai não pede explicações nem dá sermão, mas corre em direção ao filho e o abraça cheio de alegria (Lc 15,20b).
  - Só age assim quem não aprendeu a não julgar o irmão: o filho mais velho, por ciúme e revolta, de maneira egoísta, não quis aceitar a volta do irmão (Lc 15,28-30).
- Convide os catequizandos para que escrevam no cartaz com o título "Perdão é..." uma palavra ou expressão que mostre a compreensão do sentido do perdão nas nossas vidas.

CRESCER NO COMPROMISSO

- O compromisso que se quer dos catequizandos é a prática do perdão – perdoar e pedir perdão. Após uma partilha comentando o texto, cada um irá escrever no seu livro as palavras que considera importantes para dizer em seu pedido de perdão.

CRESCER NA ORAÇÃO

- Todos nós precisamos da misericórdia do Pai, porque todos somos tentados e fazemos más escolhas em algum momento da vida. Precisamos da ajuda de Deus para voltarmos ao seu abraço. Motive para a oração proposta no livro.

Anotações

12 DEUS É AMOR

> **Objetivo**
> Reconhecer o sacramento da Reconciliação como oportunidade de reaproximação de Deus e experiência do seu amor.

LEITURA ORANTE

- Leia e reflita sobre o texto proposto para o encontro: Lc 19,1-10.
- Como você pode mostrar aos seus catequizandos a beleza da reconciliação com Deus?
- Conclua sua reflexão agradecendo a Deus o perdão que d'Ele recebe.

FUNDAMENTAÇÃO PARA O CATEQUISTA

Conversão é mudança de atitude, é deixar-se tomar pelo amor de Deus e voltar-se para Ele. Deus quer a conversão do coração, uma reorientação radical da nossa vida, um rompimento com o pecado. Celebrar o sacramento da Reconciliação significa disposição para a conversão.

O sacramento da Reconciliação não é apenas obra humana, e sim o movimento do coração arrependido respondendo ao amor misericordioso de Deus (cf. CIgC, n. 1428). Buscar o sacramento sem querer a conversão não resolve, porque seria apenas contar os pecados. Sem a conversão ficamos no mesmo lugar, afirmando os mesmos erros.

O Papa Francisco afirmou que, diante da gravidade do pecado, Deus responde com a plenitude do perdão. A catequese, como processo iniciático, não pode simplesmente ensinar a preparar listas de pecados à luz dos mandamentos. O que importa é entender a essência da nossa fé cristã e seguir Jesus em todos os momentos da vida.

No dia da ressurreição, Jesus se manifestou aos apóstolos e lhes deu a paz, depois soprou sobre eles dando autoridade e poder para perdoar os pecados (cf. Jo 20,21-23). Os apóstolos, portanto, não apenas anunciavam às pessoas o perdão de Deus, mas as reconciliavam com o Senhor com o poder recebido de Cristo (cf. ClgC, n. 981).

O texto de São Lucas proposto para este encontro (Lc 19,1-10) nos ajuda a refletir sobre a reconciliação. Ao se convidar para ir à casa de Zaqueu, na verdade, Jesus convidava Zaqueu para abrir sua vida sem receios para Ele. A presença de Jesus em sua intimidade/casa é um convite para mudar de vida, e Zaqueu aceita essa mudança (cf. Lc 19,8b). Assim como Jesus ofereceu a Zaqueu a oportunidade de se reconciliar com Deus, Ele nos convida ao sacramento da Reconciliação.

Para ajudar a compreensão de como é a prática desse sacramento, pode-se dividi-la em cinco passos:

- Exame de consciência: olhar para dentro de nós e descobrir o que rompeu nossa comunhão com Deus, com os irmãos, com a natureza ou conosco.
- Arrependimento: sentir a dor das faltas cometidas e perceber o mal que causaram a nós, aos outros e à nossa comunhão com Deus.
- Propósito: desejar verdadeiramente não mais pecar e procurar evitar os erros cometidos. Arrependimento e firme propósito favorecem a reconciliação com Deus.
- Confissão: dizer, com simplicidade e objetividade, as faltas cometidas diante do sacerdote; esse é o lado humano do sacramento. O sacerdote, como representante da comunidade e em nome do Pai, nos dá o perdão de nossos pecados.
- Penitência ou satisfação: reparar os erros cometidos, segundo o que for proposto pelo sacerdote. Não é um castigo, mas uma forma de favorecer a conversão, amenizando o mal cometido, e de agradecer o perdão recebido.

O ENCONTRO

MATERIAIS

- ✓ Cartaz sobre o perdão do encontro anterior.
- ✓ Providencie um balão para cada catequizando – encha os balões de modo que fiquem com diferentes tamanhos e escreva, em cada um, atitudes cujas consequências sejam facilmente percebidas pelo grupo, como mentira, preguiça, teimosia, inveja, fofoca, gula, desonestidade, desrespeito, grosseria, desunião, indiferença. Em apenas um dos balões prenda um barbante comprido.
- ✓ Crie uma pequena história envolvendo as situações descritas nas palavras dos balões para ler/contar espontaneamente no desenvolvimento do encontro.

PARA INICIAR O ENCONTRO

- Proponha ao grupo a seguinte afirmação: "Todo mundo gostaria de estar bem com todas as pessoas, mas não é isso o que acontece; discutimos por inveja ou egoísmo, teimamos em fazer o que nos agrada, e até somos agressivos com quem nos incomoda". Pergunte: Por que isso acontece? O que podemos fazer para mudar isso? Também somos assim com Deus? Por quê?

- Faça memória do encontro anterior, complementando as ideias dos catequizandos. É importante que o sentido de perdão e misericórdia seja mencionado.

- A partir da leitura do texto introdutório, explique que neste encontro irão descobrir que todos nós temos a chance de voltar para Deus (como o filho pródigo voltou para a casa do seu pai) no sacramento da Reconciliação.

CRESCER COM A PALAVRA

- ✝ Peça que olhem para a ilustração e motive para a atividade 1: partilhar o que pensam sobre as frases da ilustração e como se sentiriam se fossem dirigidas a eles.

- ✝ Explique que as experiências de pecado acontecem quando colocamos a nossa vontade acima de tudo. Explore o texto do livro, enfatizando que Jesus nunca rejeitava quem era visto como pecador. Diga que no encontro irão olhar para um pecador, Zaqueu, e descobrir como Jesus lidou com ele.

- ✝ Motive os catequizandos para a leitura: Lc 19,1-10.

- ✝ Concluída a leitura, peça que imaginem a cena descrita e faça perguntas para ajudar na compreensão do texto: O que mais surpreendeu nesse texto? Por que Zaqueu subiu na árvore? Por que Jesus queria ir à casa de Zaqueu?

- ✝ Para ajudar a compreensão do texto bíblico, na atividade 2, os catequizandos deverão indicar o versículo que corresponde a cada imagem apresentada.

- ✝ Converse sobre a ilustração: Qual o sentimento expressado em cada imagem? O que sugerem as imagens?

- ✝ Leia e explique as atitudes de Zaqueu, relacionando-as aos versículos do texto bíblico. Elas ajudam a compreender o que significa ser transformado pelo perdão de Deus.

- ✝ São Lucas não apresenta o que Jesus e Zaqueu conversaram. Provoque uma troca de ideias sobre como os catequizandos imaginam essa conversa e peça que escrevam em seus livros, na atividade 3. O importante é perceber no texto a experiência do encontro pessoal com o Senhor e a transformação que ela causa.

- ✝ Afirmando que Jesus gosta quando procuramos ter um momento só nosso com Ele, oriente para que, em silêncio, cada um diga a Jesus o que traz no coração – alegria, tristeza, mágoa. Conclua com esta breve oração ou faça outra espontaneamente: *Senhor Jesus, nós te entregamos tudo o que trazemos em nosso coração. Ajude-nos a nunca nos esquecer das tuas palavras de amor e perdão!*

- ✝ Entregue um balão para cada catequizando e amarre o balão com o barbante ao braço de um deles. Conte ou leia, devagar, sua história que contém as palavras dos balões. Enquanto você narra a história, o catequizando que tem o balão com o barbante deverá caminhar e pegar o balão com a palavra mencionada por você. Ele deverá carregar todos os balões – sob a camiseta, entre as pernas, sob o pescoço e, se um balão cair, ele deverá pegá-lo sem largar os outros. Ao final da história, pergunte ao catequizando como se sentiu e incentive o grupo a falar sobre as dificuldades que ele enfrentou. Comece a pegar, ou a estourar, um a um, os balões do catequizando enquanto explica que muitas vezes pensamos que cometemos um único erro, mas, na verdade, esse erro nos faz cometer outros. É assim que o pecado nos impede de seguir em frente. Relacione a experiência ao tema do encontro: os balões cheios, que dificultavam que o catequizando andasse, representam nossos pecados, que nos impedem de viver como pessoas livres. Jesus nos liberta dos nossos pecados porque nos ama e quer o nosso bem.

✝ Encaminhe para a explicação sobre o sentido e a importância do sacramento da Reconciliação. Fale sobre os cinco passos do sacramento, com calma, incentivando o grupo a se manifestar e expressar sentimentos e percepções. Depois ajude na realização da atividade 4.

- Resposta da atividade 4: a sequência correta é 2, 1, 5, 3, 4.

✝ Converse sobre as palavras do Papa Francisco apresentadas no livro do catequizando (ACIDIGITAL, 2018) e oriente como deverá ser realizada a atividade 5: entrevistar uma pessoa já acostumada a se confessar perguntando sobre o sacramento da Reconciliação. Se necessário, dê algumas sugestões de perguntas: Por que você se confessa? Como se sente antes e depois da confissão? O que representa para você a confissão?

CRESCER NO COMPROMISSO

- O exame de consciência é o primeiro passo no sacramento da Reconciliação. É importante dizer aos catequizandos que Deus conhece bem cada pessoa, mas quer que façamos o exame de consciência para descobrir o que precisamos melhorar em nós.

- Explique que o compromisso para esta semana será realizar um exame de consciência todas as noites, antes de dormir, procurando identificar o que fez que pode ter ofendido alguém, a Deus, a si mesmo ou à natureza.

CRESCER NA ORAÇÃO

- A proposta para concluir o encontro nasceu da oração sugerida pelo Papa Francisco, que será a resposta de todos às preces (REDAÇÃO A12, 2015).

- Motive para o momento de oração e convide um dos catequizandos para dizer as preces. Conclua o encontro com uma bênção.

SETENTA VEZES SETE   13

Encontro celebrativo

Objetivo
Compreender que perdoar e pedir perdão são atitudes fundamentais na relação do discípulo de Jesus com o Pai e com o outro.

LEITURA ORANTE

- Preparando-se para celebrar com os catequizandos, faça a leitura orante do texto escolhido: Jo 4,5-26.

FUNDAMENTAÇÃO PARA O CATEQUISTA

Jesus nos fala sobre o perdão – perdoar e ser perdoado. Ele responde a Pedro, que indaga quantas vezes devemos perdoar alguém: "setenta vezes sete". Jesus, com isso, quer ensinar que o perdão verdadeiro nunca pode ser contabilizado. Ele explica sua resposta com uma parábola: um rei misericordioso perdoa uma grande dívida de um servo, mas este mesmo servo não perdoa um companheiro que lhe devia bem menos. Na conclusão da parábola, Jesus compara a atitude do rei ao perdão de Deus: assim como o rei perdoou seu servo, Deus perdoa seus filhos. O foco da parábola não é quantas vezes se deve perdoar. Jesus ensina que se não conseguimos perdoar o outro, é porque não entendemos o perdão que recebemos.

Muitas vezes agimos como o servo: erramos e pedimos misericórdia a Deus que, em sua bondade e conhecendo nossas dificuldades, está sempre pronto a nos perdoar. A parábola alerta para a coerência entre nosso agir e o que pedimos: se queremos receber perdão, devemos estar dispostos a perdoar.

As palavras de Jesus, ao concluir sua parábola, remetem à oração do Pai-nosso. Não podemos nos esquecer de que Jesus apresenta a novidade do mandamento do amor estendido até mesmo aos inimigos (cf. Mt 19,19; 22,39). Assim, o amor e o perdão dos seguidores de Jesus devem ser gratuitos, de coração, sem cálculos, sem desvalorizar o perdão que proclamamos com palavras.

O que significa perdoar setenta vezes sete? É perdoar tudo e a todos, de coração; perdoar a quem nos ofende e a quem não quer o nosso perdão; perdoar imediata e incondicionalmente; é retribuir com o bem o mal que recebemos – assim é o perdão dos discípulos de Jesus.

A CELEBRAÇÃO

MATERIAIS

- ✓ Panos de diversos tamanhos.
- ✓ Flores.
- ✓ Ramos verdes.
- ✓ Imagens: de mãos entrelaçadas; de mãos em oração; de abraço.
- ✓ Algodão.
- ✓ Pedras.
- ✓ Pregos.
- ✓ Cartaz com a frase: "Magoar quem a gente gosta dói na gente mesmo".
- ✓ Vasilha com água perfumada.
- ✓ Crucifixo.

PREPARANDO A CELEBRAÇÃO

- Coloque no chão os panos e, sobre eles, distribua os elementos que podem ser associados às atitudes de perdoar – flores, ramos verdes, imagem de mãos entrelaçadas, algodão, imagem de abraço – e de pedir perdão – pedras, pregos, imagem de mãos em oração, frase "Magoar quem a gente gosta dói na gente mesmo", entre outros à sua escolha. Deve haver pelo menos um elemento associado a perdoar e um associado a pedir perdão para cada catequizando. Deixe livre entre os panos um caminho que leva a um crucifixo. Junto dele deve haver espaço para que os catequizandos coloquem os elementos que escolherem, além de uma vasilha com água perfumada.
- Preparar o canto para iniciar: *Onde reina o amor* (Taizé)

ACOLHIDA

Catequista: Catequizandos queridos, somos cristãos, filhos de Deus Pai, irmãos de Jesus Cristo, animados pelo Espírito Santo. Por isso estamos aqui reunidos, em nome do Pai e do Filho e do Espírito Santo.

Todos: Amém.

Catequista: Deus se preocupa tanto com cada filho que nunca se cansa de buscar chances para mostrar seu amor. É porque somos muito preciosos para Ele e continuamos a ser mesmo quando erramos.

Catequizando: Jesus ensinou que Deus está sempre disposto a perdoar qualquer erro nosso, mesmo que seja um erro muito grande.

Todos: Porque Deus é misericórdia e perdoa sempre!

PROCLAMAÇÃO DA PALAVRA

Catequista: Pedir perdão e perdoar são atitudes importantes em nossa relação com Deus e com as outras pessoas. Jesus até contou uma história para nos fazer pensar sobre o perdão: a parábola do Servo Cruel. Vamos ouvir!

Canto: Escolha um canto de Aclamação ao Evangelho bem conhecido pelo grupo. Sugere-se: *Palavra de Salvação* (Padre Zezinho).

Catequizando: Proclamação do Evangelho de Jesus Cristo segundo Mateus 18,21-35.

REFLEXÃO SOBRE A PALAVRA

Catequista: Para Pedro, parecia ser o máximo perdoar sete vezes uma mesma pessoa. Mas Jesus respondeu que devemos perdoar "setenta vezes sete vezes". Quem seria capaz de contar tanto assim?

Setenta vezes sete, isso que Jesus pede não é demais? O que vocês acham? E será que conseguimos perdoar sempre?

Jesus respondeu desse jeito para mostrar que o perdão não é para ser contado, porque é coisa do coração, e não matemática! Setenta vezes sete significa perdoar quando for necessário, infinitas vezes, sempre.

Se não sabemos perdoar o outro sem calcular quantas vezes já perdoamos, se não sabemos perdoar com o coração alegre, é porque ainda não entendemos o perdão que recebemos de Deus. Jesus disse que precisamos acolher o amor e a misericórdia de Deus e estender aos outros esse dom recebido.

Jesus comparou a atitude do rei ao perdão de Deus, e isso nos faz pensar que, muitas vezes, agimos como o servo que só quer o perdão de Deus. Este é o ensinamento de Jesus: se queremos o perdão, devemos estar dispostos a perdoar.

PERDOAR E SER PERDOADO

Catequista: Ser perdoado e saber perdoar fazem parte da vida de quem entendeu a mensagem de Jesus. Em silêncio, fechando nossos olhos, vamos nos voltar para Deus e ouvir o que Ele quer nos dizer.

(Depois de uns minutos de silêncio.)

Vamos pensar sobre perdoar e pedir perdão. Quem você precisa perdoar e pelo que você precisa pedir perdão?

Olhe para o que está colocado no chão, com calma. Cada um irá pegar dois elementos: um representa a sua ofensa (da qual você precisa pedir perdão) e o outro representa seu perdão (quem você precisa perdoar). Você irá colocar os dois elementos que escolheu junto à cruz, entregando tudo a Jesus. Ao colocar junto à cruz, diga baixinho: "Jesus, obrigado porque sempre sou perdoado; ensina-me a perdoar!".

Quando todos tiverem voltado aos seus lugares, os catequizandos são convidados a um gesto para simbolizar a vontade de ter o coração limpo, perdoando e sendo perdoado.

Catequista: A água limpa purifica, nos faz bem. Como sinal da nossa vontade de ter o coração limpo, perdoando e sendo perdoado, vamos fazer com a água uma cruz em nossa testa.

Coloque um canto e apresente a vasilha com água perfumada a cada catequizando, que irá molhar os dedos e traçar uma cruz sobre a testa.

Canto: *O amor de Deus* (L.: J. Thomas Filho; M.: Fr. Fabreti).

Catequista: Na oração do Pai-nosso, Jesus colocou juntos o perdão que pedimos a Deus e o perdão que oferecemos aos irmãos. De mãos dadas, rezemos a oração que o Senhor nos ensinou.

Todos: *Pai nosso, que estais nos céus...*

BÊNÇÃO FINAL

Catequista: Que o Senhor Jesus esteja conosco para nos proteger; à nossa frente para nos conduzir, acima de nós para nos iluminar, atrás de nós para nos guardar, ao nosso lado para nos acompanhar.

Todos: Amém.

Catequista: Abençoe-nos, Deus, rico em misericórdia: Em nome do Pai e do Filho e do Espírito Santo.

Todos: Amém!

Canto: *Onde reina o amor* (Taizé).

BLOCO 4

NA COMUNIDADE APRENDEMOS A VIVER O AMOR

14 O amor de Cristo nos uniu!

15 Vamos cuidar da vida

16 Rezemos a uma só voz!

17 Vamos anunciar o Evangelho!

18 Encontro celebrativo
Somos pedras vivas

Todos os batizados são inspirados pela missão do Senhor e movidos pelo Espírito, força geradora de vida, para realizar no mundo a proposta transformadora de amor e justiça. Os batizados devem evangelizar o mundo e cuidar do outro, assim como fez Jesus. Não podem se limitar às práticas de devoção, mas precisam sair e anunciar o amor de Deus por todas as pessoas.

A fé é uma opção pessoal e um compromisso comunitário. Deus, que é uma família, deseja que tenhamos nossa família e nossa comunidade, nas quais possamos praticar, celebrar e viver a nossa fé.

A Igreja nasceu em um ambiente de oração, e nele os discípulos e Maria eram perseverantes (cf. At 2,1). O Novo Testamento apresenta exemplos de como os primeiros cristãos eram assíduos à oração individual e comunitária (cf. At 1,14; 2,42). Sem dúvida, a oração individual é importante e recomendada pela Igreja; mas a oração da comunidade, a liturgia, é fundamental para a vida do cristão. Como família de Deus, os cristãos de todos os lugares se reúnem para o encontro com o Senhor e, formando a comunidade-Igreja, celebram unidos no amor de Cristo.

A liturgia envia os discípulos para viver desse amor. Se nela celebramos o amor de Deus por nós, por ela são gerados os filhos que anunciam e testemunham esse mesmo amor (cf. COMISSÃO EPISCOPAL PASTORAL PARA A LITURGIA, 2018, p. 9).

As Diretrizes Gerais da Ação Evangelizadora da Igreja no Brasil (2019-2023) propõem um caminho para formar, na nossa realidade atual, comunidades verdadeiramente missionárias. Estas apresentam como características: o amor incondicional a Deus (liturgia); a disponibilidade para servir o outro (serviço); o anúncio de Jesus a todas as pessoas (evangelização); a vivência fraterna (comunhão) e o crescimento na fé (discipulado). Cabe à catequese mostrar aos catequizandos a estreita ligação entre o celebrar (encontro 14), o cuidado com a vida (encontro 15), a experiência orante (encontro 16) e a missão que nasce do que é celebrado, praticado no cuidado e interiorizado na oração (encontro 17).

O AMOR DE CRISTO NOS UNIU!

14

Objetivo

Compreender que, na comunidade que celebra reunida, Jesus Cristo está presente para ajudá-la a viver o compromisso do discipulado.

LEITURA ORANTE

- Reze o texto: Lc 22,7-20.
- Coloque-se na cena descrita pelo evangelista; olhe para os personagens, ouça o que dizem, observe o que fazem. Converse com Jesus, falando sobre como se sente.
- Conclua dizendo: *Bendito seja Deus, que nos chama e nos reúne no amor de seu Filho Jesus!*

FUNDAMENTAÇÃO PARA O CATEQUISTA

Celebrar significa tornar célebre um acontecimento ou uma pessoa tão importante em nossa vida que não queremos que seja esquecido. As celebrações na comunidade de fé fazem memória do Mistério Pascal de Cristo, do qual nos vêm o louvor, a ação de graças, o perdão e a inspiração para vivenciá-lo.

Celebrando, a comunidade se compromete e pede a graça de realizar o que expressa na celebração: o desejo de fazer a vontade de Deus. Em cada celebração, ouvir e atualizar a Palavra deve fazer crescer a consciência de que Deus quer que transformemos o mundo, vivendo o que Jesus ensinou.

Com a saudação "Bendito seja Deus que nos reuniu no amor de Cristo!", a comunidade reunida reconhece a presença de Jesus, que a reúne no Espírito Santo, e pede: "Fazei de nós um só corpo e um só espírito".

Na Última Ceia, Jesus nos deixa uma refeição como marca: mesa da partilha e da inclusão, da festa e da comunhão, em torno da qual seus discípulos formam uma verdadeira comunidade. Fazendo memória do Mistério Pascal, cada pessoa se compromete a "conformar-se" a Cristo, ou seja, a assumir seus gestos, atitudes e compromissos. Essa memória é, de fato, compromisso com a vida e com o Reino.

A Eucaristia fica incompleta se não levar a comunidade a se comprometer na luta contra as injustiças no mundo (cf. 1Cor 11,20-22). A Celebração Eucarística, atualizando o Mistério Pascal, aponta para uma resposta evangélica ao sofrimento e à opressão. Por isso participar da missa exige de cada pessoa e de toda a comunidade o compromisso de combater tudo o que impede uma vida plenamente digna e humana.

É importante recordar o sentido de comunidade apresentado nos encontros do primeiro bloco. Uma comunidade é um grupo de pessoas com algo em comum; a comunidade de fé cristã é onde os batizados se encontram na celebração dos mistérios da salvação, anunciam o que creem e praticam a caridade. Cada comunidade, ou cada paróquia, embora limitada geograficamente, faz parte de um todo maior que é a Igreja.

O ENCONTRO

MATERIAIS

- ✓ Providencie um lanche gostoso para a conclusão do encontro.
- ✓ Prepare a mesa para o lanche e disponha as cadeiras em círculo à sua volta.
- ✓ Prepare a letra do canto: *Jesus está aqui, aleluia!* Pesquisar em sites de busca uma versão que melhor se adeque à realidade.

PARA INICIAR O ENCONTRO

- Para começar o encontro, pergunte: Quem se lembra de uma refeição em família? O que comemoravam e como se sentiram? O que gostam de comemorar, por que e com quem?

- Depois de ler a introdução ao tema, comente que neste encontro irão tratar de uma celebração muito especial em nossa vida de fé.

CRESCER COM A PALAVRA

- Leia o parágrafo do livro sobre o significado de celebrar, procurando fazer uma associação com os comentários do grupo sobre a refeição em família. Recorde que as comunidades se reúnem para celebrar acontecimentos importantes para a vivência da fé. Pergunte: De que momentos festivos na comunidade o grupo se lembra? O que era comemorado?
- Jesus tinha amigos e gostava de estar com eles. Ajude os catequizandos a recordarem encontros de Jesus com seus amigos, fazendo uma tempestade de respostas.
- Leia a motivação para o texto bíblico deste encontro: uma ocasião especial na qual Jesus celebrou com seus amigos em uma refeição.
- Convide os catequizandos a acompanharem a leitura que fará do texto de Lc 22,7-20.
- Sugestões para conduzir uma reflexão sobre o texto:
    - Fechar os olhos, aquietar-se, deixar de lado os ruídos do lugar.
    - Ouvir com atenção o texto, que será lido pelo catequista mais uma vez. Colocar-se na cena: caminhar com os apóstolos para preparar o local da ceia, sentar-se com Jesus para a refeição...
    - Imaginar o caminho que Jesus percorria, o lugar onde a refeição irá acontecer.
    - Imaginar os personagens: Jesus (seu olhar em cada momento, o tom de sua voz, seus gestos) e os apóstolos (como se sentiam diante do pedido de Jesus, como olhavam para Ele, como entendiam suas palavras e seus gestos).
    - Sentir o olhar de Jesus partilhando o pão e o vinho: O que Ele lhe diz?
    - Conversar com Jesus, contando como se sente.
- Questione ao grupo: O que chama atenção na ilustração? Converse sobre a figura e a frase: "A mesa da refeição une as pessoas que partilham o alimento e a vida". A diversidade apresentada na ilustração traz a ideia de que todos são convidados a participar da refeição e ninguém pode ser excluído dessa mesa – importante destacar essa ideia para os catequizandos.

✝ Na atividade 1, convide os catequizandos para se posicionarem, todos juntos, em um círculo, cada um com os braços nos ombros de quem está ao lado, em um grande abraço coletivo. Pergunte: Quem está também entre nós neste abraço? Se quiser, cante a estrofe: "Jesus está aqui, aleluia!". Comente que Jesus está entre todos, no meio do grupo, e nos aproxima uns dos outros. Assim é a nossa vida de cristãos: unidos no amor de Cristo. Motive para um agradecimento – por estarem reunidos, por serem amados, pela vida – dizendo juntos: "Obrigado por seu amor por nós, Jesus!".

✝ Prossiga lendo e conversando sobre como as primeiras comunidades cristãs faziam o que Jesus havia ensinado. Destaque que a Celebração Eucarística nunca deixou de acontecer na história da Igreja, desde o tempo dessas primeiras comunidades.

✝ Dando continuidade à leitura, traga para os dias atuais a reunião da comunidade e enfatize que Cristo vivo se faz presente no meio do povo. Diga que cada Celebração Eucarística deve ser entendida como um momento festivo que une na fé, na alegria e na gratidão quem segue Jesus.

✝ O grupo é chamado a relacionar a celebração na refeição em família com a Celebração Eucarística.

✝ Na atividade 1, oriente o grupo a relacionar as ações semelhantes nas primeiras comunidades e na comunidade dos catequizandos com as ações da festa em família.

- Respostas para a atividade:

Primeiras comunidades	Festa em família	Nossa comunidade
(1) Proclamação da Palavra	(1) Lembrar o que viveram juntos	(3) Comunhão
(2) Orações	(2) Falar e ouvir	(4) Oferta material
(2) Explicação sobre os ensinamentos de Jesus	(3) Comer e beber	(6) Acolhida na Igreja
(3) Memória da Ceia do Senhor	(4) Oferta do que trazem	(1) Proclamação da Palavra
(4) Partilha do que possuíam	(5) Em um dia importante	(2) Homilia
(6) Na casa da família	(6) Em um lugar escolhido para a festa	(5) No dia do Senhor
(5) No dia do Senhor		(2) Orações

- Continue com a leitura e comente o sentido de celebrar a Eucaristia, explicando o significado dessa palavra. Destaque que fazer uma ação de graças a Deus é reconhecer o seu amor infinito por todos nós, assim como tudo o que Ele fez e faz a nosso favor.
- Motive uma partilha sobre o que o grupo considera importante para dar graças a Deus e peça que completem a atividade 3.
- Chamamos a Celebração Eucarística geralmente de missa. Leia e explique a diferença entre assistir à missa e participar dela. Incentive a participação na missa dominical, não por obrigação da Igreja, mas por compromisso de quem reconhece o amor de Deus e quer agradecer e responder a esse amor com sua vida.
- Jesus disse aos seus: "Desejei ardentemente comer a ceia pascal" (cf. Lc 22,15). Converse com o grupo sobre essa afirmação e promova uma partilha das respostas às questões propostas na atividade 4: "Jesus diz essas palavras hoje? Para quem?".
- Na sequência da partilha, oriente o grupo a completar a frase da atividade 5.
    - A frase completa é: "Jesus diz essas mesmas palavras para nós e insiste em nos chamar para estarmos com Ele e celebrarmos com os irmãos".
- Destaque o convite insistente que Jesus faz: Ele nos espera; quer nossa presença para com Ele celebrar a grande ação de graças ao Pai.
- Pergunte: Quando a família se reúne para uma refeição, para que serve a mesa? Espere as respostas dos catequizandos e faça uma associação entre a mesa, na refeição familiar, e o altar, na refeição da comunidade. O altar, no qual se faz presente o sacrifício da cruz sob os sinais sacramentais, é também a mesa do Senhor (cf. IGMR, n. 296); ele é símbolo do próprio Cristo, vítima oferecida por nossa reconciliação e alimento celestial que nos é dado (cf. CIgC, n. 1383).
- Depois de ler sobre o significado e a importância do altar para as celebrações, motive para a atividade 6, em que cada catequizando irá desenhar como vê o altar da comunidade. Valorize o olhar de cada um e peça que eles partilhem por que veem daquele modo o altar da comunidade. Se necessário, faça algum ajuste no que for apresentado.

CRESCER NO COMPROMISSO

- O compromisso proposto neste tema terá continuidade no encontro 15. Faça a leitura da proposta como está no livro do catequizando, orientando e esclarecendo dúvidas. Procure avaliar, dentro das possibilidades da idade e da condição de vida, que situação o catequizando pode ajudar a transformar. Dê exemplos: promover mutirões para ajudar famílias carentes, doar livros para a escola ou a biblioteca, colaborar divulgando ações contra a violência doméstica e o trabalho infantil, enviar mensagens nos seus grupos incentivando a tolerância entre todos ou o cuidado com os idosos, entre outros. Os catequizandos devem ter liberdade para apresentar o que acham que precisa ser transformado e propor como fazê-lo, por mais simples que pareça. A finalidade é despertar a consciência de cada um para a necessidade de viver concretamente os valores ensinados por Jesus e com os quais irá comungar.

- Proponha que cada catequizando registre em seu livro a situação que o incomoda, por que o incomoda e as ideias para transformá-la. No encontro 15, isso será partilhado para encaminhar o compromisso que irão assumir individualmente e como grupo, exemplo de pequena comunidade.

CRESCER NA ORAÇÃO

- A oração sugerida (Sl 100(99),1-2.4-5) é um convite do salmista para aclamar o Senhor, nosso Deus, que é bom e nos ama para sempre. Forme três grupos, responsáveis por cada estrofe do salmo. Todos juntos dizem o refrão.

- Após a bênção, mostre a mesa e recorde o que conversaram sobre uma festa. Mesa pronta, tudo preparado, o que falta? As pessoas, os amigos! Convide, então, com alegria o grupo para que se aproxime da mesa e partilhe o lanche.

VAMOS CUIDAR DA VIDA 15

> **Objetivo**
> Compreender que celebrar a Eucaristia é comprometer-se com a vida e os irmãos.

LEITURA ORANTE

- Leia e reflita sobre o texto: Mt 25,31-40.
- Quais os pequenos em quem você vê Jesus? Como pode ajudar sua comunidade a manifestar o amor e a caridade na sociedade?
- Conclua seu momento de oração pedindo à Maria, modelo de serviço, que ajude você a servir com alegria: *Ave Maria...*

FUNDAMENTAÇÃO PARA O CATEQUISTA

Jesus quer nossa colaboração para se manifestar aos homens, transformar o mundo e espalhar o Reino. As palavras de Jesus que lemos no texto de São Mateus são uma afirmação do que Ele espera de nós: pessoas que assumem de fato o cuidado com a vida e o amor ao irmão, especialmente ao mais necessitado. À Igreja cabe animar o compromisso pessoal e comunitário dos cristãos. Fiel a Jesus, ela precisa denunciar as estruturas injustas da sociedade e promover a vida.

Jesus falou sobre atitudes que promovem a vida e ajudam a diminuir as necessidades dos outros. Ele usa a expressão "um destes mais pequenos, que são meus irmãos" para se referir às pessoas necessitadas, não importando quem sejam. A expressão de Jesus mostra seu vínculo profundo com os mais pobres, sofredores e excluídos, a ponto de dizer que fazemos a Ele o que fazemos a um desses pequenos.

A Igreja são pessoas que acreditam nas palavras de Jesus e buscam viver em comunidade, confiantes na sua presença (cf. Mt 18,20) e segundo o critério do amor (cf. Jo 13,35), como sinal e instrumento do Reino. Para Jesus, o Reino é um mundo como Deus quer, com pessoas livres vivendo como irmãos e onde existe justiça, fraternidade, amor e busca autêntica de Deus. Participar da comunidade-Igreja é compartilhar o ideal de Jesus, que quer vida plena para todos (cf. Jo 10,10), e lutar pelos direitos humanos e pela promoção humana integral.

Na Antiguidade, o termo *missa* significava "despedida", mas ganhou um sentido mais profundo e passou a significar "enviar em missão". Assim, essa saudação ao final da Celebração Eucarística exprime a natureza missionária da Igreja. Segundo a exortação apostólica *Sacramentum Caritatis*, número 51, a conclusão da celebração deve ser compreendida como um começo – o povo é enviado ao mundo para ser a presença de Cristo na sociedade.

Viver a missa no dia a dia é praticar as obras de misericórdia, que são caminhos para levar vida aos irmãos: dar de comer a quem tem fome, dar de beber a quem tem sede, vestir os nus ou maltrapilhos, acolher peregrinos, visitar enfermos e presos, e sepultar os mortos. Essas ações são promotoras da vida e estão fundamentadas nas palavras de Jesus no texto de Mateus.

O ENCONTRO

MATERIAIS

- ✓ Faça dois painéis grandes: um com o desenho de uma árvore seca, outro com o desenho de uma árvore com muitas folhas. Na árvore seca, "pendure" alguns papéis em branco. Escreva a mensagem "Jesus chama você para ser suas mãos, seus pés e sua boca no mundo hoje" em pequenos papéis. Dobre-os e "pendure-os" na árvore frondosa (um papel para cada catequizando).

- ✓ Providencie, também, pedaços pequenos de papel (dois para cada catequizando), canetinhas coloridas, alfinetes para mural ou fita adesiva (ou outro recurso para "pendurar" os papéis nas árvores desenhadas nos painéis).

PARA INICIAR O ENCONTRO

- Com a leitura da introdução, apresente ao grupo o tema, que continua o encontro anterior: a comunidade que celebra reunida permanece unida para promover a vida e transformar o mundo, segundo os ensinamentos de Jesus.

CRESCER COM A PALAVRA

- Converse sobre a ilustração do livro do catequizando: O que pensam olhando para as duas diferentes árvores? O que faz secar uma árvore? E o que faz uma árvore dar muitos frutos?

- Pergunte: Ao olharem para o mundo, que situações vocês veem? Motive-os a descrever coisas bonitas e boas (como a árvore carregada de frutos na ilustração), e coisas não tão boas (como a árvore seca na ilustração).

- A partir das ideias apresentadas pelo grupo, mostre os painéis e peça que imaginem que cada árvore carrega sinais – de vida ou de ausência de vida.

- Forme duplas e distribua dois pedaços de papel a cada uma. Explique que deverão conversar sobre sinais de vida e de ausência de vida no mundo, e escrevê-los nos papéis que receberam (registrar um sinal de vida em um papel e um sinal de ausência de vida em outro papel). Peça que guardem seus papéis para outro momento do encontro.

- Com a leitura do livro do catequizando, ajude o grupo a identificar momentos em que Jesus reagiu com tristeza ao que via à sua volta: a acusação à mulher adúltera, os vendedores no templo, a multidão faminta, a morte de Lázaro, o esforço de Zaqueu, a tristeza diante de Jerusalém, e outras mais.

- Convide para a leitura do texto bíblico: Mt 25,31-40.

- Comente o texto bíblico: Jesus falou sobre ovelhas e cabritos porque quem o escutava compreendia com facilidade o que queria dizer. Ele compara a humanidade, de todos os tempos, a um rebanho de ovelhas e cabritos, animais que pastavam juntos, mas que, às vezes, eram separados pelos pastores. Jesus diz que no Juízo Final todos serão separados, uns à sua direita, outros à sua esquerda; à direita estarão os herdeiros do Reino, abençoados por consequência da forma como viveram. Jesus aponta quais atitudes seus seguidores devem ter para atender às necessidades dos outros (Mt 25,35-36). Motive o grupo para a compreensão da resposta de Jesus (Mt 25,40) diante da surpresa dos que foram abençoados. Ao dizer "meus irmãos", Jesus mostra a união e a intimidade existente entre Ele e os pobres ou mais necessitados.

- Prossiga com a leitura do livro do catequizando. Ajude o grupo a compreender que o amor ao próximo, como Jesus pede aos seus discípulos, nos leva a desejar vida digna para todos. Explique o que significa vida digna.

- Motive o grupo a responder o que queremos para as pessoas que amamos e, a partir das respostas, comente que cada pessoa, e cada comunidade, deve buscar praticar a justiça, a solidariedade e a fraternidade que nascem da Eucaristia. Continue a leitura do livro e, recorrendo à imagem da árvore seca, questione o grupo: Por que uma árvore fica seca? Compare a resposta mencionando que a nossa falta de compaixão e amor impede que todos tenham vida como desejado por Jesus.

- Oriente para a continuação da atividade com as árvores dos painéis: cada dupla irá ler o que escreveu como exemplo de ausência de vida e fará um pequeno pedido de perdão ao pendurar seu papel na árvore seca. Comente que os papéis em branco que lá estão pendurados sinalizam a falta de atitudes, a omissão, a ausência de interesse e de vontade de agir para levar vida a todas as pessoas.

- Para apresentar a Celebração Eucarística intimamente associada ao nosso testemunho como discípulos de Jesus, faça uma memória do encontro anterior perguntando o que o grupo recorda daquele encontro. Acrescente, se necessário, outras ideias sobre o sentido da Celebração Eucarística.

- Mostre a relação entre a missa e o compromisso de cada pessoa, conforme o texto no livro do catequizando. Explique a origem do termo "missa" e a responsabilidade da comunidade que se reúne para celebrar. Motive uma partilha sobre a compreensão da expressão "levar a missa para a vida". Os catequizandos devem compreender que viver a missa no dia a dia é levar vida aos irmãos, como Jesus, para que todos tenham vida em abundância.

- ✝ Ajude, como necessário, os catequizandos a completarem a atividade 1 com atitudes concretas nas quais podem ser as mãos, os pés e a boca de Jesus no mundo hoje.

- ✝ Encaminhe para a parte final da atividade com os painéis: cada dupla irá ler o que escreveu como situação de vida e "pendurar" seu papel no galho da árvore frondosa, com um breve agradecimento a Deus pelo dom da vida e por nos mostrar como podemos agir em favor dela. Ajude cada dupla a perceber como a situação escolhida está de acordo com o texto bíblico do encontro.

- ✝ Quando todos tiverem apresentado as situações de vida escolhidas, reforce o nosso compromisso, como comunidade de seguidores de Jesus, de transformar o mundo. Diga que os papéis dobrados colocados na árvore frondosa estão relacionados às ações que fazemos para promover a vida. Peça que cada catequizando pegue um desses papéis com a sua mensagem: "Jesus chama você para ser suas mãos, seus pés e sua boca no mundo hoje". Explique o sentido dessa afirmação: hoje, na sociedade, nós devemos agir como Jesus, anunciando a Boa-Nova, promovendo a justiça, a liberdade, a fraternidade e o amor, para dar dignidade a todas as pessoas e transformar o mundo em um lugar cada vez melhor.

LEIA PARA APROFUNDAR

- Para ampliar a reflexão, leia e comente com os catequizandos o texto *Cristo não tem mãos: uma forma simples de entregar seu coração a Jesus*, publicado por Aleteia (2016) e disponível em: https://pt.aleteia.org/2016/04/28/cristo-nao-tem-maos/.

CRESCER NO COMPROMISSO

- O compromisso proposto neste encontro é continuação da sugestão apresentada no encontro anterior. Associe a afirmação "Jesus chama você para ser suas mãos, seus pés e sua boca no mundo hoje" à proposta do compromisso.

- Ouça os catequizandos e proponha que juntos pensem o que pode ser feito concretamente, envolvendo a comunidade e, especialmente, as famílias.
- Ajude o grupo a definir estratégias para a ação escolhida. Dê sugestões, mas faça com que os catequizandos se sintam responsáveis e comprometidos com essa ação.
- Não se esqueça de conversar com os pais dos catequizandos, explicando a proposta assumida como compromisso e pedindo que eles também se envolvam e ajudem seus filhos.

CRESCER NA ORAÇÃO

- Convide para rezarem juntos a oração que está em seus livros.

Anotações

REZEMOS A UMA SÓ VOZ! 16

> **Objetivo**
> Identificar o valor da oração comunitária como instrumento para fortalecer a fé e aproximar de Deus.

LEITURA ORANTE

- Reze o Sl 136(135),1-16.
- Você vê a manifestação da bondade de Deus em sua vida, no mundo à sua volta? Na catequese, você tem ajudado o catequizando a perceber que Deus é infinitamente bom?
- Para concluir, faça uma oração pessoal de louvor a Deus.

FUNDAMENTAÇÃO PARA O CATEQUISTA

Os Evangelhos mencionam momentos de oração pessoal de Jesus, e Ele é nosso modelo de oração. Aos seus discípulos, Ele ensinou que a verdadeira oração não é aquela que diz "Senhor, Senhor!", mas levar o coração a fazer a vontade do Pai (cf. Mt 7,21), e convidou a ter, na oração, a preocupação de colaborar com o plano de Deus (cf. CIgC, n. 2611).

A oração individual é sempre importante e recomendada pela Igreja. Porém a oração da comunidade (Celebração Eucarística) é fundamental na vida do cristão. Jesus ensinou os seus discípulos a rezarem para, assim, fortalecer a comunidade de fé. Nas Sagradas Escrituras lemos sobre a oração diária dos primeiros cristãos e sobre a comunidade primitiva que, fiel aos ensinamentos do Mestre, se reunia frequentemente para aprender a doutrina dos apóstolos, para partir o pão e rezar coletivamente (cf. At 2,42). Essa oração comunitária colabora com a vida da Igreja, pois leva ao crescimento na fé pessoal, une os fiéis e fortalece a vida da comunidade.

O livro dos Atos dos Apóstolos mostra como era importante aos primeiros cristãos ter um grupo de "iguais na fé em Jesus Cristo", para partilhar preocupações e alegrias, encorajar uns aos outros, ganhar ânimo para a missão e rezar. Os textos desse livro ensinam que caminhar com os irmãos de fé, na comunidade, é indispensável para o fortalecimento da fé e para a caminhada de cada pessoa.

Na Celebração Eucarística, a Liturgia da Palavra, da qual faz parte o salmo responsorial, é um grande diálogo entre Deus e seu povo. O que é proclamado na primeira leitura é transformado em oração com a mesma Palavra de Deus, e a comunidade reunida é chamada a dar sua resposta a Deus com o refrão do salmo.

Os salmos são a oração por excelência do povo de Deus, e sempre trazem duas dimensões indissociáveis: a pessoal e a comunitária. Eles celebram as promessas de Deus que já se cumpriram e falam sobre a vinda do Messias (cf. CIgC, n. 2596).

O ENCONTRO

MATERIAIS

- ✓ Arrume as cadeiras em círculo e, no meio, marque (com giz ou fita crepe) um caminho que leva ao centro do círculo, onde deve estar a Bíblia, uma cruz e uma vela grande. Coloque algumas velas (o número de velas pode ser igual ou menor que o total de catequizandos, dependendo do número total no grupo). Se possível, use velas de tamanhos e cores diferentes.
- ✓ Providencie papel para cada catequizando.
- ✓ Para o momento da oração, coloque uma música instrumental que favoreça a reflexão e a dinâmica do diálogo com Deus.
- ✓ Escreva o nome de cada catequizando em um pequeno pedaço de papel para um sorteio ao final do encontro.

Este encontro foi pensado para ser um momento orante e de reflexão, por isso a maior parte dele será dedicada à dinâmica da oração proposta em *Crescer na oração*.

PARA INICIAR O ENCONTRO

- Comece o encontro com uma tempestade de ideias sobre os dois últimos temas – comunidade que celebra e comunidade que promove a vida. Recorde também com o grupo o que já sabem sobre a oração, e comente o texto introdutório do livro.

CRESCER COM A PALAVRA

- Diga que há um ditado popular bem conhecido que fala sobre a união entre as pessoas: "A união faz a força". Pergunte: Todos concordam com essa afirmação? Vocês têm exemplos?

- Peça a um catequizando que leia o texto do livro sobre os exemplos bíblicos da importância da união e dê mais detalhes sobre eles. Fale, por exemplo, sobre a reconstrução da muralha de Jerusalém (ação concreta), que foi possível em pouco tempo graças à união do povo (cf. Nm 1-5), e sobre a união dos primeiros cristãos (força da fé) que atraía novos seguidores de Jesus (cf. At 2,42-47).

- Motive para uma discussão sobre a oração pessoal e comunitária, comentando que Maria e os discípulos eram assíduos na oração, e Jesus era seu modelo de oração.

- Motive a leitura de: Mt 6,7s

- Comente com o grupo o sentido das palavras de Jesus: Ele ensina que o mais importante é falar com o coração, com simplicidade e sinceridade, sem precisar de muitas palavras. Jesus garante que nosso Pai sabe do que precisamos, mesmo antes de dizermos. Por isso, quando rezamos estamos dizendo a nós mesmos que Deus está no comando das nossas vidas e nos enchemos da confiança de que Ele não nos abandona.

- Ajude os catequizandos a perceberem a comparação entre a conversa com um amigo querido e a oração. Destaque que a oração é um diálogo com Deus, um diálogo com uma pessoa muito amiga. Esse diálogo pode ter diferentes formas – súplica, ação de graças, intercessão, louvor, bênção (cf. CIgC, n. 2644). Explique que podemos e devemos rezar as orações tradicionais dos cristãos, mas nossa oração espontânea, a partir do que vivemos e sentimos, tem muito valor.

- Fale sobre a oração da comunidade, destacando e comentando a frase: "E Deus gosta muito também quando a comunidade toda se reúne para conversar com Ele, como uma só voz".

- ✝ Explorando a ilustração, pergunte ao grupo: Que ideia a ilustração transmite? Ajude a compreensão identificando e comentando os elementos-chave nela presentes, como a diversidade de pessoas e a oração, a Palavra (o livro aberto) e a Eucaristia (cálice e hóstia), que sustentam e alimentam a comunidade fortalecendo-a para a vida (casas) e a missão.
- ✝ Pergunte: Quando a nossa comunidade se reúne para orar? Quem participa dessa oração? Na atividade 1, peça aos catequizandos que expressem – com desenhos, símbolos ou palavras – como veem sua comunidade rezando unida. Dê espaço para que apresentem o que expressaram e não se esqueça de comentar.
- ✝ Na continuidade da leitura, reforce a importância da oração comunitária. Explique que a missa é a mais perfeita oração da comunidade, lendo e acrescentando alguma ideia ao texto apresentado no livro.

CRESCER NA ORAÇÃO

- Explique que os salmos são um diálogo do povo do Antigo Testamento com Deus. Neles encontramos muitos motivos diferentes: alegria, tristeza, louvor, arrependimento, agradecimento. Um salmo será a base da oração do encontro.
- Procure fazer o grupo se ver como uma pequena comunidade na qual todos têm em comum o amor a Jesus. O momento será de oração pessoal transformada em oração do grupo.
- Distribua um papel para cada catequizando. Peça que o grupo fique em silêncio para conversar com Deus, silenciando para ouvir o que Ele quer nos dizer (não se esqueça da música).
- Salmodiem juntos o Sl 136(135),1-16. É um salmo de louvor, no qual o refrão "pois eterno é seu amor" é muitas vezes repetido. O salmista certamente tinha experimentado a bondade de Deus em sua própria vida e, no salmo, recorda essa bondade desde a criação, passando pelos momentos importantes da história do povo hebreu. O salmista recorda que Deus deve ser sempre louvado por sua bondade infinita, que está na base da nossa fé e da nossa esperança cristã.
    - Sugestão: um catequizando lê o início do versículo e todos juntos dizem "pois eterno é seu amor".

- Comente que um alpinista, depois de ultrapassar uma etapa perigosa, se detém para recuperar o fôlego e admirar o que vê à sua volta. Nós também fazemos uma parada em nosso dia para a oração pessoal, e a comunidade se detém e se reúne em oração.

- Proponha aos catequizandos que escrevam no papel que receberam alguma coisa da sua vida para oferecer a Deus. Quando todos tiverem escrito, acenda a primeira vela. Convide dois catequizandos (ou um, se o grupo for pequeno) para que se aproximem da vela acesa, façam uma oração espontânea e deixem os papéis ao lado da vela. Acenda outra vela e convide outros catequizandos, e continue até que todas as velas estejam acesas e todos tenham feito sua oração.

- Comente, sem perder o clima de momento orante, os elementos presentes: a oração nos aproxima sempre mais de Deus e dos irmãos (todos fizeram o mesmo caminho), fazendo-nos seguir firmes no caminho para Deus (o caminho que percorreram levava à Bíblia). Explique que, na comunidade-Igreja, a Celebração Eucarística é a luz que brilha na caminhada da vida do povo, iluminando o caminho para Deus (cada vela acesa no caminho que os catequizandos percorreram representava uma Celebração Eucarística na comunidade).

- Pegue os papéis escritos pelos catequizandos e coloque-os junto à cruz. Diga que com esse gesto você recorda que em cada celebração da comunidade as orações de todos são reunidas e oferecidas a Deus. Conclua o momento rezando juntos a oração no livro dos catequizandos.

CRESCER NO COMPROMISSO

- Propomos dois compromissos: um de caráter pessoal e outro comunitário.

- Cada catequizando irá sortear o nome de outro, e terá o compromisso de rezar todos os dias por ele (cuide para que não seja sorteado o próprio catequizando). Assim, uns rezarão pelos outros como verdadeiros amigos que se cuidam mutuamente.

- Também a família é uma comunidade, pequena Igreja doméstica. Faça sugestões de momentos de oração na família e incentive a participação na missa com a comunidade.

17 VAMOS ANUNCIAR O EVANGELHO!

> **Objetivo**
>
> Compreender que todos os batizados são chamados a ser missionários e formar verdadeiras comunidades missionárias para anunciar Jesus Cristo em todos os lugares da Terra.

LEITURA ORANTE

- Prepare-se para o encontro refletindo sobre o texto: At 11,19-26.
- Que sentimentos você tem em relação à sua missão?
- Agradeça a Deus por ter sido chamado e peça a força do Espírito Santo, o mesmo Espírito que animou a vida de Jesus, para continuar sua missão.

FUNDAMENTAÇÃO PARA O CATEQUISTA

Olhando para a Igreja primitiva, vemos sua marca comunitária e o testemunho de um jeito novo de se relacionar, a exemplo de Jesus.

A comunidade é a estrutura fundamental da vida da Igreja, e nela encontramos a fé, a celebração, a comunhão e a missão. A missão básica da Igreja é evangelizar, levar adiante a mensagem de Jesus sobre o Reino de Deus e encarná-la na vida das pessoas. Cada comunidade é, ao mesmo tempo, lugar e instrumento de evangelização. Ela evangeliza a si mesma pela convivência fraterna em torno da Palavra e pela celebração dos sacramentos, especialmente da Eucaristia. Sendo evangelizada, está aberta à participação de cada pessoa, fortalecendo o sentido de pertença e animando seus membros à missão.

A comunidade deve ser lugar onde o Reino de Deus se faz visível. Ela mostra o que acontece quando o Reino é aceito e seus valores são colocados como fundamento da sociedade. Quando o Reino está presente na realidade da vida das pessoas, a missão deixa de ser dependente de eventos ocasionais no calendário da paróquia e se torna definitiva e contínua.

As Diretrizes Gerais da Ação Evangelizadora da Igreja no Brasil (2019-2023) propõem um retorno às fontes: olhar para a experiência das comunidades primitivas e buscar nelas inspiração para, na realidade atual, formar comunidades vivamente missionárias. O que sustenta essas comunidades é a Palavra e a Iniciação à Vida Cristã, a liturgia e a espiritualidade, a caridade e o cuidado com as pessoas, e a missão – porque não há experiência de Deus verdadeira que não leve à missão.

O discípulo missionário, consciente da missão para a qual é chamado, é sensível à realidade particular da sua comunidade e atento às questões que dizem respeito a toda a humanidade, em especial àquelas que atingem os mais pobres, os excluídos, os perseguidos e as vítimas da violência.

O ENCONTRO

MATERIAIS

- ✓ Leve, se possível, um mapa que mostre as viagens de São Paulo às cidades de Jerusalém e Antioquia, Roma e Atenas.
- ✓ Providencie folhas de papel e canetinhas coloridas para que os catequizandos façam o desenho dos seus pés. Se achar mais adequado, peça que cada um traga para esse encontro o desenho dos pés.
- ✓ Coloque um crucifixo bem visível, em um suporte alto. Arrume as cadeiras na sala de modo a deixar um caminho livre até o crucifixo.

PARA INICIAR O ENCONTRO

- Este encontro encerra uma sequência sobre a comunidade: celebrar, promover a vida, orar e ser missionária. Tenha isso em mente para relacionar os encontros 14, 15 e 16 ao tema.
- A partir da leitura da introdução, apresente o objetivo do encontro: entender que cada batizado é chamado a ser missionário, constituindo comunidades missionárias. Como a missão de cada

batizado e da Igreja foi abordada no primeiro bloco deste livro, talvez seja necessário recordar o que significa *missão*: tarefa que deve ser feita por alguém a pedido ou por ordem de outra pessoa. Para nós, cristãos, nossa missão nos foi dada por Jesus (cf. Mt 28,19s): anunciar a Boa-Nova a todas as criaturas, em todos os tempos e em todos os lugares da Terra. Uma comunidade missionária é aquela que realiza plenamente sua missão.

CRESCER COM A PALAVRA

- Leia o texto inicial e explique a ilustração: ela representa nosso caminho como cristãos, com dificuldades (pedras), alegrias (flores), momentos para recuperar forças (árvores frondosas) e esperanças (plantas rasteiras), conjunto que nos leva ao encontro das pessoas em suas realidades (as pequenas cidades) para anunciar a Boa-Nova de Jesus Cristo.

- Dê pistas para ajudar os catequizandos a responderem à questão proposta na atividade 1, escrevendo nos espaços as ações ensinadas por Jesus sobre o Reino.

- Continue lendo, e comente que os discípulos procuravam imitar Jesus e repetiam suas palavras quando falavam às multidões. Explique que as viagens apostólicas surgiram porque os apóstolos perceberam que, para cumprir a missão deixada por Jesus, era preciso ir ao encontro das pessoas em lugares mais afastados.

- Motive para a leitura do texto de: At 11,19-26.

- Explore o texto bíblico considerando o objetivo do encontro, mencionando:

  - A grande força de Barnabé era sua vontade de levar as pessoas a refletirem sobre a mensagem de salvação. Ele procurava descobrir maneiras para fazer chegar o Evangelho a todos os lugares, enfrentando o que fosse necessário com muita disposição. Este deve ser o grande desejo do nosso coração: servir a Deus, colaborando para que Jesus seja conhecido e amado por todos. Para essa missão, à qual somos chamados por Deus, não estamos sozinhos, pois sua mão sempre estará conosco (cf. At 11,21).

  - O anúncio de Jesus Cristo a judeus e gregos levou à conversão de muitos deles. Um ponto importante neste texto é que quem anunciava não falava em seu nome pessoal, mas no de toda a comunidade de Jerusalém. Essa comunidade assumiu sua missionariedade trabalhando para que o Senhor se tornasse conhecido e amado por todos.

- Mostre, se possível, o mapa ao grupo, localizando as cidades de Jerusalém e Antioquia, mencionadas no texto bíblico, e outras cidades conhecidas hoje, para que os catequizandos identifiquem a região de que fala o texto. Destaque as distâncias percorridas, as dificuldades e limitações próprias da época para fazer o Evangelho conhecido. Faça uma associação com a ilustração do caminho apresentada no início do encontro.

- O texto afirma que em Antioquia os seguidores de Jesus foram chamados, pela primeira vez, de cristãos – porque os que anunciavam o Evangelho viviam conforme as palavras que anunciavam, então o povo via neles uma imagem de Jesus.

- Converse sobre a ilustração. Ouça e fale com o grupo sobre ser chamado *cristão* – "outro Cristo" – e peça que complete a atividade 2.

- Prosseguindo com a leitura, recorde as palavras de Jesus em sua Ascensão (cf. Mt 28,18-20), relacionando-as às ações das comunidades que se envolviam no anúncio do Evangelho. Explique a importância da comunidade como presença viva de Jesus entre os seres humanos e encaminhe para a atividade 3. Nesta atividade, primeiro elaborarão uma pequena história, com desenhos ou textos, para mostrar como uma comunidade pode anunciar o Reino de Deus hoje.

- Enquanto os catequizandos completam a primeira parte da atividade, prepare o ambiente para a oração: coloque o crucifixo no centro da sala, a uma certa distância das cadeiras.

- Peça que alguns catequizandos partilhem como pensam que a comunidade pode anunciar o Evangelho hoje. Na sequência, ajude o grupo a identificar (letras *a* e *b*) pessoas da comunidade que assumiram essa missão. Para a atividade, cada catequizando irá escolher uma pessoa da comunidade e lhe escrever uma mensagem.

CRESCER NA ORAÇÃO

- A oração irá celebrar a decisão de seguir Jesus. Se quiser, coloque uma música que ajude o catequizando a se voltar para a oração.

- Cada catequizando deverá segurar e olhar, em silêncio, para o desenho dos seus pés. Depois de uns instantes, explique que os pés de cada pessoa trazem as marcas dos caminhos que percorreram. Nossos pés nos levam atrás de nossos sonhos e para perto dos irmãos, mas nem sempre os caminhos são tranquilos. Com nossos pés podemos espalhar vida, levar amor e continuar a missão de Jesus no mundo. Quando fazemos a experiência de encontro com Jesus – como Zaqueu, a mulher samaritana, cada discípulo, Marta e Maria, entre outros –, sentimos que somos chamados a torná-lo conhecido e amado por outras pessoas, testemunhando que Ele é o Senhor da nossa vida. Jesus fica feliz quando lhe dizemos "sim", e podemos ter certeza de que nunca estaremos sozinhos quando caminharmos para anunciar o Evangelho, pois essa é sua promessa.

- Pergunte o que os catequizandos gostariam de dizer a Jesus sobre continuar sua missão entre as pessoas, dizendo "sim" ao seu chamado. Motive para que, em silêncio, cada um faça uma oração pessoal e escreva no seu desenho dos pés o seu "SIM".

- Convide-os a rezar juntos a oração em seus livros.

- Coloque uma música que faça menção à missão e chame um dos catequizandos para se aproximar do crucifixo. Peça que ele deixe o desenho dos seus pés próximo do crucifixo e, permanecendo ele também ali, deve chamar outro, até que todos tenham deixado seus desenhos junto ao crucifixo e formado um círculo ao seu redor.

- Comente que um catequizando chamar o outro simboliza que o Reino de Deus só acontece quando há quem chama e quem aceita o chamado. Os catequizandos se aproximam juntos do crucifixo obedecendo ao ritmo da música escolhida.

- Ao final da música, rezem juntos: *Pai nosso, que estais nos céus...*
    - Sugestão de cantos: *Por uma grande missão* e *Missão da Igreja (a tua Igreja)*, disponíveis respectivamente em: https://youtu.be/anv3QNSjLlk e http://youtu.be/a0vEc3damvU.

CRESCER NO COMPROMISSO

- Leia com o grupo a proposta de compromisso para a semana: a partir da história elaborada pelo catequizando, ele irá identificar como pode colaborar com a comunidade no anúncio do Evangelho, envolvendo os pais.

SOMOS PEDRAS VIVAS 18

Encontro celebrativo

Objetivo

Reconhecer que nós, discípulos de Jesus, formamos a Igreja, com a missão de anunciar ao mundo a sua Palavra e ser sinal do Reino de Deus.

LEITURA ORANTE

- Faça a leitura orante do texto escolhido para a celebração: 1Pd 2,4-9.
- Como entende ser uma pedra viva?
- Com uma prece espontânea, agradeça a Deus sua missão como catequista.

FUNDAMENTAÇÃO PARA O CATEQUISTA

A imagem usada por São Pedro é bastante sugestiva: somos pedras vivas e parte da casa espiritual, feita de pessoas, e não de tijolos, cimento e outros materiais. Pedro refere-se à Igreja como "templo espiritual", do qual Jesus é a pedra angular e os cristãos são pedras vivas. Essa Igreja é formada por um povo sacerdotal, cuja missão é oferecer a Deus o verdadeiro culto: uma vida obediente aos planos do Pai e baseada no amor incondicional aos irmãos.

Jesus é a pedra escolhida, preciosa, viva. Ressuscitado, d'Ele brota vida para o povo de Deus. Sobre Jesus, pedra escolhida, Deus fundamenta sua ação salvífica em favor da humanidade. Os cristãos são chamados a aderir à proposta de Cristo e a segui-lo, fortalecendo a comunhão com Ele e participando da construção do edifício espiritual, cuja finalidade é oferecer sacrifícios espirituais agradáveis a Deus. Se no antigo Templo de Jerusalém, construído com pedras materiais, eram oferecidos sacrifícios de animais para expressar a comunhão do povo com Deus, no novo templo é oferecida uma vida vivida na entrega a Deus e aos irmãos.

A imagem das pedras vivas no Templo espiritual do qual Jesus é a pedra angular aponta para uma comunidade reunida à volta de Cristo, vivendo em união com Ele, assumindo plenamente sua proposta. Cabe a cada um de nós diminuir as arestas que nos impedem de aderir a Cristo e revitalizar o cimento que nos une às outras pedras desse edifício, que são os irmãos.

MATERIAIS

- ✓ Providencie uma quantidade de pedras maior que o número de participantes, para que cada um possa realmente escolher uma delas. As pedras devem ser diferentes – cores, formatos, pesos, tamanhos, aparências.

PREPARANDO A CELEBRAÇÃO

- ✓ Coloque as pedras no chão, no centro da sala.
- ✓ Durante a dinâmica, coloque uma música instrumental tranquila.
- ✓ Convide, antes de iniciar a celebração, os catequizandos que irão ajudar como leitores.

ACOLHIDA

Catequista: Queridos catequizandos, que bom estarmos todos juntos reunidos para celebrarmos nosso Deus! Façamos sobre nós o sinal da cruz, sinal que nos identifica como filhos de Deus Pai, irmãos de Jesus Cristo, animados pelo Espírito Santo: Em nome do Pai e do Filho e do Espírito Santo.

Todos: Amém.

Canto: *Vem, vem, vem, Espírito Santo.* Sugere-se pesquisar a versão disponível em: https://youtu.be/KlaSws0rDBs. Acesso: 18 nov. 2021.

Catequista: Jesus chamou várias pessoas para caminharem ao seu lado, formando um pequeno grupo de seguidores. Esta é a sua Igreja, comunidade de pessoas unidas a Jesus e unidas entre si.

Todos: Jesus continua chamando pessoas de todos os lugares, em todos os tempos.

Catequizando 1: Jesus nos chama para caminharmos com Ele, porque só Ele é o Caminho que nos leva a Deus.

Catequizando 2: Jesus nos chama também porque quer que façamos parte da sua Igreja. Ela é nossa casa, onde encontramos os irmãos que o amam como nós amamos.

PROCLAMAÇÃO DA PALAVRA

Catequista: Vamos ouvir o que diz São Pedro sobre a nossa presença na Igreja em sua primeira carta: 1Pd 2,4-9.

Canto de aclamação: Escolha um que seja bem conhecido pelo grupo. Sugere-se: *Fala, Senhor!* (Márcio Todeschini).

REFLEXÃO SOBRE A PALAVRA

Catequista: Jesus Cristo é a pedra angular, a pedra central da construção. Com ela, nós, seus discípulos, nos tornamos pedras vivas. Jesus constrói com cada pessoa uma Igreja viva, capaz de oferecer ao mundo tudo o que Ele ensinou e fazer tudo o que Ele pediu. Nós somos chamados a formar um edifício espiritual; não é uma construção feita de pedras comuns, mas de pedras vivas. Todos nós, batizados, somos essas pedras vivas. Ninguém é inútil, ninguém é anônimo; todos formam a Igreja, e ninguém é mais importante, porque todos são iguais aos olhos de Deus. Mas somos tantos e tão diferentes! Como podemos construir uma casa forte e bonita? É o Espírito Santo que faz com que todas as diferenças sejam unidas para construir a casa espiritual. Para essa construção, oferecemos a nós mesmos e toda a nossa vida.

> Quando olhamos para uma pedra, não fazemos ideia de quanto tempo demorou para a natureza deixá-la como a vemos.
>
> Temos diferentes pedras no centro da sala. Cada um vai olhar para elas, escolher e pegar aquela da qual mais gostou e voltar para seu lugar. (Espere que todos estejam de volta aos seus lugares para continuar.)

Segure a pedra em suas mãos e olhe bem para ela. Observe o tamanho, a beleza, a textura (áspera ou lisa), o formato (com pontas ou arredondada). Pense enquanto a observa: Por que você escolheu esta pedra?

Olhando ainda para a pedra em suas mãos, pense: O que pode fazer com a pedra? Pode deixá-la de lado (por quê?), jogá-la fora (por quê?), guardá-la (para quê?), dá-la a alguém (para quem e por quê?), modelá-la (para que ela seja como?). A pedra pode ser você mesmo, então o que pode fazer?

Nenhuma pedra, por menor que seja, é inútil diante de Jesus. Ele toma cada pedra, guarda com cuidado e ternura, faz dela uma pedra cheia de vida, guiada pelo Espírito Santo e colocada no lugar certo – aquele lugar que Deus sempre imaginou para ela, isto é, o nosso lugar e a nossa missão na Igreja. Imagine com que carinho Jesus toma você em suas mãos, uma pedra viva sob os seus cuidados, e lhe diz: "Conto com você para fazer viver a minha Igreja!".

O que você quer responder a Jesus?

Aguarde uns instantes em silêncio e motive para que façam juntos a oração proposta.

Todos: *Jesus, eu agradeço todas as pedras vivas que colocaste no meu caminho da fé, todas as pessoas que me ajudam a ser também uma pedra viva nessa casa espiritual. Quero estar ao teu lado para fazer mais forte e mais viva a tua Igreja, minha casa, casa de irmãos!*

Catequista: Entrego a você uma pedra para que a leve e, quando olhar para ela, possa se lembrar de que foi escolhido por Jesus para ser pedra viva ao lado d'Ele!

BÊNÇÃO FINAL

Catequista: Que o Senhor nos dê a sua graça e a sua força para sermos profundamente unidos a Jesus, pedra que sustenta nossa vida e toda a vida da Igreja. Vamos em paz, e que o Senhor nos abençoe: Em nome do Pai e do Filho e do Espírito Santo.

Todos: Amém.

Canto: *Amigos pela fé.* Sugere-se a versão disponível em: https://youtu.be/-_jlWkR3mUk.

BLOCO 5

SACRAMENTOS DA INICIAÇÃO CRISTÃ

19 Batismo, marca de Deus

20 Confirmação, marca do Espírito Santo

21 Eucaristia, marca da união com Jesus

Celebração
Batismo, mergulho na vida nova em Cristo

Celebração
Eucaristia, pão que nos une a Cristo e aos irmãos

Celebração
Jesus, eu te adoro! – Vigília Eucarística com catequizandos e famílias

Querida catequista, querido catequista,

Durante os encontros de catequese, os catequizandos têm descoberto as graças e os dons recebidos de Deus, ouvindo e aprofundando a compreensão das palavras de Jesus. Eles vêm descobrindo, também, que existem momentos marcantes que mostram o crescimento de cada pessoa na vida cristã. Os sacramentos da Iniciação Cristã não são pontos finais de caminhos percorridos, e sim alguns desses momentos especiais.

Na catequese, os catequizandos são ajudados a perceber a beleza e a grandeza dos sacramentos, para celebrá-los conscientes de que respondem ao amor de Jesus. Neste último bloco, são convidados a conhecer mais os sacramentos da Iniciação Cristã, de modo especial o Batismo e a Eucaristia, para fazer da sua celebração na comunidade uma verdadeira festa de irmãos. Nesta proposta, os sacramentos são temas de três encontros e três celebrações; para elas, é importante a participação dos pais e padrinhos, especialmente se houver algum catequizando para celebrar o Batismo.

BATISMO, MARCA DE DEUS

19

Objetivo

Aprofundar a compreensão do sacramento do Batismo como marca definitiva da pertença a Deus e porta de entrada para a comunidade.

LEITURA ORANTE

- Reze o texto: Jo 3,1-8.
- Você já se questionou como Nicodemos? Como se sentiu?
- Agradeça a graça recebida no seu Batismo com uma oração espontânea.

FUNDAMENTAÇÃO PARA O CATEQUISTA

A palavra "batismo", de origem grega, significa "mergulhar". Pelo Batismo, mergulhamos na vida nova em Cristo. O batizado é configurado ao Cristo, isto é, toma a sua forma para viver a mística da sua Páscoa: morrendo para si mesmo e para o pecado, e fazendo vencer a vida, a ressurreição. A oração para a bênção da água já nos dá essa indicação: "Nós vos pedimos, ó Pai, que por vosso Filho desça sobre esta água a força do Espírito Santo. E todos os que, pelo Batismo, forem sepultados na morte com Cristo, ressuscitem com Ele para a vida" (RICA, n. 215).

A matéria para o sacramento do Batismo é a água (cf. At 8,36ss; Ef 5,26), e sua forma consiste na invocação dos nomes das três Pessoas da Santíssima Trindade. É a Santíssima Trindade que dá ao batizado, por meio das virtudes teologais – fé, esperança e caridade –, a graça de ser capaz de crer e amar a Deus, e o poder de viver e agir sob a ação do Espírito Santo.

"Fomos batizados num só Espírito, para formar um só corpo..." (1Cor 12,13). Pelo Batismo, o cristão ingressa na Igreja, que lhe dá acesso aos demais sacramentos (nenhum sacramento pode ser recebido antes do Batismo). Ser batizado implica comprometer-se com a comunidade onde somos acolhidos, que vive a partir da experiência do Ressuscitado.

Jesus fala com Nicodemos sobre a necessidade do Batismo (cf. Jo 3,5); a água é o sinal sacramental e o Espírito é a graça, seu efeito. É preciso ter clareza de que apenas a celebração do Batismo não salva ninguém: quem salva é Jesus, e só é salvo quem o aceita (cf. Mc 16,15s). O Batismo salva se é sinal da fé em Jesus e do compromisso com o irmão; seus efeitos são a remissão dos pecados (original, pessoais), a impressão do caráter batismal e a infusão da graça santificante.

Fé e Batismo constituem início e fundamento da vida cristã. É por causa dessa ligação entre fé e Batismo que a profissão de fé tem lugar de destaque no rito batismal. Desde os primeiros tempos da Igreja, o Batismo é chamado "sacramento da fé". A fé está enraizada na pessoa, e o sacramento, como sinal externo, manifesta na comunidade o compromisso da fé.

Na Bíblia não é mencionado o Batismo de crianças, mas no livro dos Atos dos Apóstolos lemos sobre o Batismo de famílias inteiras – muito provavelmente envolvendo crianças. Os pais, que têm o dever de decidir em todas as situações o que é melhor para seus filhos, precisam considerar que eles ficam privados da graça do sacramento sem o Batismo. No Batismo de uma criança pequena, seus pais e padrinhos falam por ela, e a Igreja supõe que a criança assumirá pessoalmente o sacramento recebido ao atingir a idade da razão. Aos pais e aos padrinhos caberá alimentar a fé da criança pela oração, pelo testemunho de vida, pela prática da caridade e pela participação na comunidade.

O ENCONTRO

MATERIAIS

✓ Providencie seis balões de cores diferentes. No interior de cada um, coloque uma tira de papel na qual está escrita uma das frases sugeridas.

✓ Coloque uma mesa coberta com uma toalha branca. Sobre a mesa, uma vela branca (ou o Círio Pascal), um crucifixo e uma Bíblia.

PARA INICIAR O ENCONTRO

- **Canto:** *Eu te peço dessa água que tu tens* (Padre Zezinho)

- Convide os catequizandos para recordarem juntos o que sabem sobre os sacramentos. Para isso, você irá usar os balões com as frases a seguir (ou com outras que você considere mais adequadas ao grupo):

    - Deus invisível se fez visível aos seres humanos: Jesus é o sinal definitivo de Deus.

    - Jesus quis permanecer entre nós com sinais visíveis do amor do Pai por cada pessoa.

    - Sacramentos são mistérios de fé; sinais visíveis que comunicam algo invisível.

    - Sacramentos são sinais de Deus em linguagem humana – ritos, gestos, palavras –, porque só assim conseguimos perceber, compreender, acolher e viver a realidade de Deus em nós.

    - Jesus age em cada sacramento comunicando sua graça; o que Ele anuncia acontece.

    - Celebrar um sacramento deve ser sinal de que acolhemos, compreendemos e vivemos o que Jesus ensina em nosso dia a dia.

- Forme seis grupos; cada grupo irá escolher um balão. Peça que um grupo estoure o balão escolhido e leia a frase. Os catequizandos do grupo deverão explicar o que ela significa. Ajude, quando necessário, para que todos compreendam cada uma das afirmações.

- Depois que todos os grupos tiverem explicado suas frases, converse com os catequizandos sobre a frase do livro: "Jesus permanece entre nós e age em nós pelos sacramentos".

- Explique ao grupo o objetivo do encontro e leia no livro dos catequizandos a introdução ao tema. Comente, se for o caso, que alguns catequizandos irão em breve celebrar o Batismo, o que é motivo de alegria para toda a catequese e para toda a comunidade.

- Comece a leitura do livro, interrompendo para fazer perguntas aos catequizandos. Incentive a participação de todos, comente e valorize as respostas de cada um.

- Pergunte: Quem é irmão mais velho? E quem tem irmãos mais velhos? Como age um irmão com seus irmãos mais novos? Com essas indagações, direcione para a leitura do livro, mostrando Jesus como um irmão que se preocupa com seus irmãos mais novos.

CRESCER COM A PALAVRA

- Pergunte aos catequizandos o que percebem na ilustração – personagens, ambiente, posturas e expressões. Leia a frase que está junto à ilustração.

- Escolha um canto de aclamação ao Evangelho bem conhecido, depois convide um catequizando para proclamar o texto bíblico escolhido: Jo 3,1-8.

- Após a leitura, peça um instante de silêncio para que cada um pense sobre as palavras que ouviu.

- Converse com o grupo sobre o sentido das expressões usadas por Jesus na conversa com Nicodemos, conforme é apresentado no livro do catequizando.

- Volte à observação da ilustração: Nicodemos parece duvidar das palavras de Jesus, que fala com autoridade. Prosseguindo com a leitura do texto do livro, fale sobre as dúvidas e os questionamentos que todos nós temos em muitos momentos da vida. Assim como fez com Nicodemos, Jesus nos diz o que realmente é melhor para nós.

- Recorde que a água é um presente gratuito de Deus para nós, e faça uma tempestade de ideias sobre ela: onde existe, para que é usada, quais benefícios e males ela pode trazer aos homens e ao ambiente.

- Explique o sentido da palavra "batismo", continuando a leitura do livro do catequizando. Destaque a dinâmica de mergulhar / emergir, morte / ressurreição, homem velho / homem novo.

- Volte ao texto bíblico e leia novamente o versículo 5, depois explique que no Batismo a água simboliza o dom do Espírito de Deus. Prosseguindo com a leitura do livro, comente que ao sermos batizados, quando somos "mergulhados" em Jesus, deixamos a condição de criaturas de Deus e nos tornamos filhos e filhas d'Ele. Deus olha para nós e nos vê como filhos muito amados.

- No livro há um questionamento em destaque: "Deus me pergunta se aceito ser seu filho amado? Qual é a minha resposta?". Incentive os catequizandos a expressarem seus sentimentos e compreensão diante dessas questões, promovendo uma partilha. Talvez alguém diga "não sei", e essa resposta deve ser acolhida também com carinho, sem críticas. Lembre-se de que você talvez seja o único sinal do amor de Deus para os catequizandos. Nesse caso, diga que assim como Nicodemos procurou conversar com Jesus para compreender melhor o que Ele dizia, nós também, nos momentos de dúvidas, devemos conversar com Jesus e pedir que Ele nos ajude.

- Leia para o grupo o texto de Mt 28,19s – "Ide, pois, fazer discípulos entre todas as nações, e batizai-os em nome do Pai e do Filho e do Espírito Santo. Ensinai-lhes a observar tudo o que vos tenho ordenado. Eis que estou convosco todos os dias, até o fim dos tempos". Comente que somos batizados em nome da Santíssima Trindade e, na celebração do Batismo, são repetidas as palavras de Jesus do texto de São Mateus. Mostre que em destaque no livro estão as palavras próprias do Batismo, de acordo com esse texto.

- Comente que Jesus não diz apenas "Ide... e batizai", mas ordena que tudo o que Ele disse e ensinou aos seus discípulos seja igualmente ensinado aos que são batizados, para que, como os discípulos, eles também sejam suas testemunhas em qualquer tempo e lugar. E

- Jesus garante a sua presença entre nós, ajudando a fazer com que a família de irmãos, filhos do mesmo Pai, cresça em todo o mundo.
- Pergunte: A partir da ordem de Jesus, o que significa ser batizado em nossa vida diária? Aguarde algumas respostas do grupo e, na sequência, leia e comente os pontos apresentados no livro.
- Estes pontos estão conectados: pertencemos a Deus de maneira definitiva; se somos filhos de Deus, somos filhos do único Pai e somos irmãos; o mundo é onde vivem os filhos de Deus, e nos comprometemos com a grande casa comum; a comunidade-Igreja é a grande família dos filhos de Deus e, como membros dessa família, nós nos comprometemos com ela; nesse compromisso com o mundo e com a comunidade procuramos viver como Jesus, e isso implica amar todas as pessoas e praticar a verdadeira caridade; conscientes do nosso lugar na comunidade e no mundo, como filhos de Deus, damos testemunho de vida pelo serviço aos irmãos.
- Sugere-se, neste momento, o canto *Amar como Jesus amou* (Padre Zezinho).
- Recorde aos catequizandos que o sinal da cruz nos identifica como cristãos. É o gesto de quem aceita o que Jesus ensinou e está disposto a viver como Ele pediu. Quando repetimos este gesto recordamos que somos de Deus, criados para viver perto d'Ele.
- É proposto o rito da assinalação para concluir o encontro (cf. RICA, n. 85). Leia o texto inicial desse rito e reforce a ideia de que o gesto irá recordar a marca recebida no Batismo ou o amor de Jesus (para os ainda não batizados).

ASSINALAÇÃO DA FRONTE E DOS SENTIDOS

Catequista: Jesus chamou cada um de vocês para serem seus amigos e discípulos. Ele quer que sejam perseverantes na caminhada de fé. Vocês serão marcados com o sinal da cruz de Cristo, que é o sinal dos cristãos. Para quem ainda não é batizado, esse sinal irá lembrar o amor de Jesus; para os que já foram batizados, o gesto irá recordar a marca permanente do cristão recebida no Batismo.

Cada um será assinalado com o sinal da cruz na fronte, nos ouvidos, nos olhos, na boca e no peito. Em silêncio, acolha esse sinal do amor de Deus em sua vida.

Enquanto traça o sinal da cruz em cada catequizando, dizer:

- Receba na **fronte** o sinal da cruz para que o Senhor o proteja com seu amor.
- Receba nos **ouvidos** o sinal da cruz para ouvir a voz do Senhor.
- Receba nos **olhos** o sinal da cruz para ver a Deus.
- Receba na **boca** o sinal da cruz para responder ao Senhor e anunciar sua Palavra.
- Receba no **peito** o sinal da cruz para que Cristo habite em seu coração.

Catequista: Deus, nosso Pai, olhai para estes catequizandos que estão sendo formados segundo o Evangelho de seu Filho Jesus. Fazei com que eles vos conheçam, amem e procurem sempre estar ao vosso lado. Ajudai-os a praticar o bem e fortalecei-os nessa caminhada da Iniciação. Em nome do Pai e do Filho e do Espírito Santo. Amém (cf. RICA, n. 123).

Anotações

20 CONFIRMAÇÃO, MARCA DO ESPÍRITO SANTO

> **Objetivo**
> Compreender o sentido e a importância do sacramento da Confirmação para viver mais intensamente o seguimento de Jesus como discípulo e testemunha.

LEITURA ORANTE

- Reze o texto: At 2,1-8.
- Coloque-se na cena descrita no texto: Como se sente? O que quer dizer a Deus?

FUNDAMENTAÇÃO PARA CATEQUISTA

Jesus ordenou aos seus discípulos que anunciassem sua Palavra tornando o Reino de Deus presente no mundo. Para fortalecer os discípulos para a missão, Jesus prometeu e enviou seu Espírito (cf. At 1,9). O Espírito Santo ajudou os discípulos a amadurecerem sua fé e a pregarem a mensagem do Evangelho. É esse mesmo Espírito que recebemos, de modo especial, ao celebrarmos o sacramento da Confirmação. Ele nos conduz ao conhecimento da verdade e nos forma como discípulos missionários para anunciar a Boa-Nova aos homens.

Assim como o Batismo, a Confirmação é celebrada uma única vez, pois ela imprime na alma da pessoa uma marca espiritual definitiva, sinal de que Jesus a assinalou com o selo do seu Espírito e a revestiu com a força do alto para que seja sua testemunha (cf. CIgC, n. 1304). O confirmado é aquele que tem o Espírito Santo e, por isso, como os apóstolos, dá testemunho de Jesus Cristo com sua vida, suas palavras e suas ações, e dá razão de sua fé em todas as situações da sua vida.

No Antigo Testamento há relatos do costume de ungir com óleo pessoas e objetos. A unção era símbolo de alegria, poder, cura, força, saúde, beleza, consagração. No Novo Testamento, a unção recebe o sentido de força do Espírito Santo, plenitude de dons, força do alto. O crisma é o óleo mais importante usado na liturgia, pois simboliza o Espírito Santo que consagrou Jesus para a sua missão. A simbologia da unção com o crisma significa que o batizado participa da unção de Cristo e, com isso, assume o compromisso de viver conforme a vontade de Deus pela escuta assídua da Palavra e pelo seu modo de ser e agir, praticando a justiça e promovendo a paz.

A Confirmação é o sacramento da maturidade cristã, pois é quando o batizado toma consciência da sua responsabilidade humana e cristã. Assinala, ainda, a pertença à comunidade de fé e introduz a pessoa na vida da Igreja para realizar a missão de anunciar e testemunhar o Reino de Deus em todo o mundo, com palavras e atitudes (cf. LG, n. 11).

Batismo e Confirmação são uma unidade inseparável. Na Confirmação, o Espírito Santo não realiza algo diferente do que fez no Batismo, mas desperta a consciência para a sua presença e sua ação; ou seja, a graça recebida na Confirmação aperfeiçoa e potencializa a graça do Batismo. Com a força do Espírito Santo, o confirmado faz uma profunda experiência de Deus na oração, na meditação da Palavra, na celebração dos sacramentos, na vida diária e na comunidade, e dela se torna agente de transformação na sociedade.

O Espírito Santo que é dado ao crismando é, também, um dom à comunidade, pois o crismado é enviado para unir-se a ela colaborando para a transformação da sociedade conforme a vontade de Deus.

O ENCONTRO

MATERIAIS

✓ Providencie uma mesa coberta com toalha vermelha. Sobre essa mesa, coloque uma vela grande acesa, um frasco com óleo perfumado e a Bíblia.

✓ Providencie os cantos indicados para o encontro: *Eu navegarei* (Gabriela Rocha); *Vem, Espírito Santo, vem, vem iluminar* (José Alves e Tarcisio).

PARA INICIAR O ENCONTRO

- **Canto:** *Eu navegarei* (Gabriela Rocha).
- Comente que a letra deste canto é sobre o Espírito Santo, que enche nossa vida com o fogo do amor de Deus. Neste encontro o tema será o sacramento da Confirmação, o sacramento do Espírito Santo. E, para começar o encontro, nada melhor do que ouvir quem já recebeu o sacramento da Confirmação. Convide jovens recém-crismados para que falem sobre sua experiência durante a catequese e depois de receber o sacramento.
- Faça a leitura do texto inicial do livro do catequizando.

CRESCER COM A PALAVRA

✝ Escolha um canto de aclamação ao Evangelho bem conhecido. Depois dele, convide um catequizando para proclamar o texto bíblico: At 2,1-8.

✝ Sugestões para ajudar a compreender o texto:
  - Onde e por que os discípulos estavam reunidos?
  - O que o texto descreve?
  - O que acontece com os discípulos?
  - O que o texto me sugere?
  - O que quero dizer a Deus?

✝ Motive os catequizandos para que façam uma oração em silêncio, agradecendo a Deus os dons que receberam e pedindo sua ajuda nos momentos de dificuldade ou de tristeza.

✝ Faça a leitura do texto do livro, explicando o significado do vento e do fogo. Para ajudar, mencione os versículos 2 (vento forte), 3 (línguas como de fogo) e 6 (cada um ouvia em sua própria língua). Talvez seja conveniente recordar ao grupo alguns símbolos do Espírito Santo: fogo, unção, pomba, selo, mão, dedo (cf. CIgC, n. 694-701).

- Observem juntos a ilustração e pergunte ao grupo: O que ela sugere a cada um? Por quê?

- Leia com o grupo o texto do livro e faça comentários. Explique o sentido de "recordar e atualizar" um acontecimento, para que todos compreendam que "os discípulos dos nossos dias somos nós" e percebam a importância do sacramento da Confirmação para a vida do cristão. Explique que na ilustração estão representados os discípulos dos nossos dias, isto é, cada um de nós.

- Pergunte: O que significa tornar-se um missionário? O que é levar o nome de Jesus a todas as pessoas? Que sentimentos isso desperta em cada um de vocês?

- Peça ao grupo que observe e comente a ilustração. Explique que o grupo de catequese, a família e a comunidade, cada um a seu tempo e a seu modo, ajudam os crismados a realizarem a missão de anunciar Jesus a todas as pessoas. E cada um recebe uma ajuda especial: o próprio Jesus prometeu que não abandonaria os seus (cf. Mt 28,20) e enviaria o Espírito Santo para ajudar a realizar a missão de cada um (cf. Jo 14,16).

- A partir da leitura do livro, explique o significado da linguagem do amor. Pergunte aos catequizandos exemplos dessa linguagem em diferentes situações da vida. Ofereça exemplos: estudar junto com um colega que tem dificuldade em algum assunto e não debochar se ele não sabe algo que para você é fácil de entender; acolher quem passa necessidade e não humilhar; ajudar em casa e não fugir do que é preciso fazer; dar uma informação correta na rua e não informar errado de propósito, entre outros.

- Explique, conforme a sequência no livro do catequizando, que o sacramento da Confirmação também é conhecido como sacramento da Crisma.

NÃO ESTAMOS SOZINHOS!

Lendo o texto do livro do catequizando, oriente o grupo a formar um círculo, com as mãos nos ombros uns dos outros. Peça que permaneçam assim alguns minutos, em silêncio, sentindo o toque dos colegas nos ombros.

Enquanto os catequizandos permanecem no círculo, peça que se movimentem ao som da música – *Vem, Espírito Santo, vem iluminar* (José Alves e Tarcisio) –, sem se soltarem. Ao final da música, reforce a ideia de que em cada pessoa que nos ama, nos acompanha e sempre nos apoia nós podemos sentir a força do Espírito Santo que Jesus nos enviou porque nos ama.

GESTO DA UNÇÃO DAS MÃOS

Peça que os catequizandos permaneçam formando o círculo.

Explique, conforme o texto do livro, que o gesto de ungir com óleo é muito antigo – sempre que uma pessoa recebia uma missão importante, ela era ungida. No sacramento da Confirmação, o crismando é ungido para realizar a missão de testemunhar Jesus no mundo. Ser ungido é ser "cristo". Cada um será ungido nas mãos, e esse gesto é um sinal da vontade de ser crismado.

Convide para que rezem todos juntos a oração em seus livros.

Anotações

EUCARISTIA, MARCA DA UNIÃO COM JESUS

21

Objetivo

Compreender que a Eucaristia é sinal do amor infinito de Deus por nós, que continua a nos dar seu Filho para que todos tenham vida plena.

LEITURA ORANTE

- Medite o texto: Lc 22,14-20.
- Imagine-se presente no momento da ceia descrita no texto: O que sente? O que gostaria de dizer a Jesus?

FUNDAMENTAÇÃO PARA CATEQUISTA

A Eucaristia é a expressão maior da vida de Jesus, vida que Ele quis entregar na radicalidade do amor e na gratuidade. Toda a vida de Jesus foi eucarística: sentiu compaixão da multidão (cf. Mt 9,36), partilhou o pão (cf. Mc 8,1-10), tornou-se o peso leve dos oprimidos (cf. Mt 11,28-30), identificou-se com os empobrecidos (cf. Mt 25,31-46), amou indistintamente a todos até o fim (cf. Jo 13,1s). Jesus queria um "mundo eucarístico", por isso formou uma comunidade de discípulos, pessoas de diferentes situações, e com elas começou uma comunidade eucarística (KNUPP, 2012).

Eucaristia é comunhão porque reúne os fiéis para celebrarem o mistério da vida: o Deus comunhão. Eucaristia é comunhão de Jesus com o Pai, junto ao Espírito Santo, e de Jesus com o povo, nos sofrimentos, nas injustiças e nas suas esperanças.

O Batismo nos incorpora a Cristo, tornando-nos membros do povo de Deus. Nossos pecados são perdoados e passamos à condição de filhos, transformados em novas criaturas pela água e pelo Espírito Santo. Assinalados na Crisma pela doação do mesmo Espírito, somos configurados ao Senhor e cheios do Espírito Santo para levar à plenitude o Corpo de Cristo. Por fim, participando da Eucaristia, comemos da carne e bebemos do sangue de Jesus, e assim recebemos a vida eterna e expressamos a unidade do povo de Deus. De tal modo se completam os três sacramentos da Iniciação Cristã, que proporcionam aos fiéis atingirem a plenitude de sua estatura no exercício de sua missão de povo cristão no mundo e na Igreja (cf. RICA, n. 2).

Na Última Ceia, Jesus foi claro: "Isto é o meu corpo... isto é o meu sangue" (cf. Mt 26,26-28). Isso significa que o pão e o vinho não são sinais ou símbolos, nem lembranças. São Paulo nos lembra da presença do Senhor na Eucaristia quando afirma: "O cálice de bênção, que bebemos, não é a comunhão do Sangue de Cristo? E o pão que partimos, não é a comunhão do Corpo de Cristo?" (1Cor 10,16).

Sem a fé, somos incapazes de entender a Eucaristia. Acolher na fé o dom da Eucaristia é acolher o próprio Jesus: quem a recebe confirma sua fé em Jesus Cristo, aceita quem Ele é e procura viver segundo seus ensinamentos.

O ENCONTRO

MATERIAIS

- ✓ Providencie uma mesa coberta com uma toalha branca. Sobre ela, coloque uma Bíblia, um crucifixo e um pequeno vaso com flores. Se possível, deixe espaço à volta da mesa para que os catequizandos se aproximem no momento da partilha ao final do encontro.
- ✓ Providencie, também, um pão caseiro, suco de uva e copinhos em quantidade suficiente para todos os catequizandos.

PARA INICIAR O ENCONTRO

- Comece o encontro perguntando aos catequizandos: Alguma expressão ou frase deixa vocês curiosos? Quais? Por quê?

- Ofereça exemplos: "À noite todos os gatos são pardos"; "Caiu na rede, é peixe"; "Cada um no seu quadrado"; "Casa de ferreiro, espeto de pau"; "De médico e de louco todo mundo tem um pouco"; "Mentira tem perna curta"; "Cor de burro quando foge".

    - Para citar outros exemplos consulte provérbios e ditados, disponíveis em: https://www.todamateria.com.br/proverbios-e-ditados/. Acesso em: 21 de jan. 2021.

- Diga que muitas vezes Jesus também deixava as pessoas curiosas sobre o sentido do que dizia, depois faça a leitura do texto inicial do livro dos catequizandos.

CRESCER COM A PALAVRA

- Comentando que Jesus celebrou a Páscoa judaica como era costume, mas surpreendeu com seus gestos e suas palavras nessa refeição, encaminhe para a leitura do texto bíblico.

- Enfatizando as palavras de Jesus, faça devagar a leitura do texto: Lc 22,14-20.

- Após a leitura, converse com o grupo sobre a ilustração e sua relação com o texto lido.

- Peça que leiam mais uma vez o texto de São Lucas em suas Bíblias, em silêncio e grifando o que mais lhes chamou atenção.

- Sugestões para uma reflexão sobre o texto:

    - Quem são os personagens dessa cena? O que fazem?
    - O que mais chamou sua atenção nesse texto?
    - Por que você acha que Jesus quis fazer essa refeição com os apóstolos?
    - Imagine que você está participando da ceia, recebendo das mãos de Jesus o pão partido e o cálice. Como se sente?

- Prossiga com a leitura do livro do catequizando, comentando e explicando.

- ✝ Pergunte o que cada um dos catequizandos, se fosse viajar para longe e ficar ausente por muito tempo, deixaria para uma pessoa a quem muito ama na festa da sua despedida. A cada resposta, pergunte o motivo da escolha, o que representa, como pensam que a pessoa receberia o que deixaram.

- ✝ Quando todos tiverem se manifestado, diga que Jesus, antes de voltar ao Pai, quis nos deixar algo muito importante para a nossa vida cristã: o sacramento da Eucaristia que Ele nos deu em sua despedida, a Última Ceia.

- ✝ Continuando a leitura, explique o significado das palavras "Eucaristia" e "memória", então reforce a ideia da presença real de Cristo na Eucaristia.

- ✝ Explore com o grupo a ilustração e a frase que a acompanha: o que a ilustração mostra, quem os meninos e meninas representam, quem pode participar da mesa da Eucaristia, o que significa dizer que "à mesa da Eucaristia há lugar para todos". Diga que Jesus escolheu cada um dos catequizandos e os convida para participarem da sua refeição. Pergunte por que Jesus faz isso e o que pensam sobre esse convite.

- ✝ Leia o texto na sequência do livro e explique aos catequizandos o significado de "dar a vida". Peça que observem as palavras que aparecem no livro dando sentido à frase "dar a vida" com exemplos da vida diária de cada um.

- ✝ Alguns exemplos: dedicar tempo para conversar com os mais velhos ou com quem mora sozinho; cuidar dos irmãos mais novos; ajudar a superar violências; valorizar os amigos; procurar ser justo em todas as situações; ajudar os pais em casa.

ESTAMOS UNIDOS EM TORNO DA MESA

- Convide os catequizandos para que se aproximem da mesa para a partilha do pão e do "vinho".

- Leia e comente o que disse São Paulo sobre formarmos um só corpo.

- Ofereça o pão para que cada catequizando pegue um pedaço e entregue um copinho com o "vinho". Para concluir, motive para rezarem juntos, de mãos dadas, a Oração do Senhor.

BATISMO, MERGULHO NA VIDA NOVA EM CRISTO

Celebração

Objetivo
Reconhecer que o Batismo compromete o batizado a manifestar o Cristo do qual foi revestido.

LEITURA ORANTE

- Prepare-se para a celebração com os catequizandos e seus pais fazendo a leitura orante do texto escolhido: Mt 28,18-20.
- Agradeça a Deus ter sido chamado para anunciar Jesus e peça o dom da perseverança para continuar sua missão.

FUNDAMENTAÇÃO PARA O CATEQUISTA

Os batizados constituem "o mais forte germe de unidade, esperança e salvação" (cf. CIgC, n. 782). Eles têm o compromisso de manifestar com a vida e as palavras o homem novo do qual se revestiram, e de serem homens e mulheres que vivem uma relação de filhos com Deus Pai e de fraternidade com os irmãos.

Além de incorporar o homem a Cristo, o Batismo também o incorpora à Igreja (cf. 1Cor 12,13). Por isso, além de conferir a identidade cristã à pessoa batizada, o Batismo também configura a Igreja, isto é, torna a Igreja semelhante a Jesus, como comunidade daqueles que aceitam e vivem o projeto d'Ele.

Todos os batizados são chamados a praticar os ensinamentos de Jesus. O apelo de Deus é claro: não devemos nos conformar com este mundo, mas devemos nos transformar pela renovação da nossa mente, para conhecermos a vontade de Deus: o que é bom, o que lhe é agradável e o que é perfeito (cf. Rm 12,2).

A proposta da celebração é facilitar a compreensão do sacramento do Batismo utilizando o próprio rito batismal, explicando os seus símbolos e gestos.

LEIA PARA APROFUNDAR

- Sugestão para o estudo pessoal: MARCELO, Pe. M. Por que devemos usar água benta? *Canção Nova*. Disponível em: https://formacao.cancaonova.com/igreja/catequese/por-que-devemos-usar-a-agua-benta/. Acesso em: 18 nov. 2021.

A CELEBRAÇÃO

MATERIAIS

✓ Providencie uma vasilha com água perfumada e coloque sobre um pedestal, enfeitado com flores. Durante a celebração essa água será abençoada.

✓ Em outro suporte, coloque uma vela grande (se possível, o Círio Pascal).

✓ Escolha, com antecedência, os quatro catequizandos que irão participar como leitores.

✓ Escolha os cantos: um para a aclamação ao Evangelho, bem conhecido por todos, e outro para o momento em que os pais irão traçar o sinal da cruz em seus filhos.

ACOLHIDA

Catequista: Queridos pais e padrinhos, queridos catequizandos, recebemos vocês com muita alegria! Estamos reunidos para compreender melhor o sacramento do Batismo. Comecemos abrindo nosso coração para Jesus e traçando sobre nós o sinal dos cristãos: Em nome do Pai e do Filho e do Espírito Santo. Amém. Que a graça do nosso Senhor Jesus Cristo, o amor de Deus e a comunhão do Espírito Santo estejam com todos vocês.

Quando nascemos, precisamos de tudo para crescer fisicamente, psicologicamente, espiritualmente. Para isso, contamos com a ajuda de quem já passou por isso. Nossos pais se preocupam em garantir a melhor vida possível para nós e, em nossa família, recebemos alimento, amor e estímulo para nos tornarmos adultos responsáveis. O grupo da catequese também nos ajuda a crescer e nos tornar adultos na fé.

Catequizando 1: O Batismo é a marca do nascimento para a vida em Cristo na comunidade, para a vida como Ele viveu e agiu.

Catequizando 2: Quando celebramos o sacramento do Batismo, começamos uma união duradoura com Deus.

Catequista: Conhecer o rito do Batismo, isto é, saber como acontece a celebração do Batismo, é importante porque nos ajuda a entender o significado desse sacramento.

Catequizando 1: No início da celebração, os que serão batizados são acolhidos pela comunidade-Igreja, que será uma nova casa para eles ao longo das suas vidas.

Catequista: Somos uma família que gosta de acolher a todos. Vamos nos dar as mãos e, olhando para quem está ao nosso lado, dizer: *Eu acolho você como meu irmão em Cristo!*

Catequizando 2: Na criação do mundo, Deus logo deu nome às suas criaturas; a primeira missão de Adão foi dar nome aos animais. Os pais, ao darem um nome para o filho, estão dando a missão de seguir Jesus e de continuar sua obra.

Catequizando 3: Todos os batizados formam uma única família, a família de Deus, e têm a mesma missão de seguir Jesus.

Catequista: Deus conhece cada um pelo nome, e cada pessoa é única e importante porque recebeu uma tarefa que pertence somente a ela no mundo e na Igreja. Convido cada um a dizer em voz alta seu nome e, enquanto escuta os nomes dos outros, pensar: "Cada pessoa humana merece respeito".

Todos: Que cada pessoa sempre dê valor ao seu nome.

Catequizando 4: Quem vai ser batizado é marcado com o sinal da cruz, marca do cristão. Por isso começamos este encontro traçando sobre nós o sinal da cruz, que nos recorda o amor imenso de Deus por nós.

Catequizando 1: A Palavra de Deus anuncia sua vontade e seu amor. Na celebração do Batismo, a Proclamação da Palavra e sua explicação falam sobre o sentido do sacramento.

Catequizando 2: Um dos momentos mais bonitos no rito do Batismo é a Ladainha dos Santos, quando pedimos à Igreja do Céu que interceda por aqueles que serão batizados.

Todos: Santos e santas de Deus, rogai por aqueles que receberão o Batismo e por todos nós!

Catequizando 3: Ser ungido é ser marcado e escolhido para uma tarefa importante. Profetas, sacerdotes e reis do povo de Israel eram ungidos com óleo para cumprir a missão de ajudar o povo de Deus. A unção com óleo dos catecúmenos antes do Batismo significa receber a força de Cristo para ajudar o Reino de Deus.

Catequizando 4: Na criação, o Espírito estava sobre as águas de onde surgiu a vida; a água do dilúvio marcou o início de uma vida nova; atravessando as águas do Mar Vermelho, o povo de Deus foi liberto da escravidão do Egito; Jesus foi batizado nas águas do Rio Jordão, e do seu lado, na cruz, foram derramados água e sangue.

Catequizando 1: A água usada no Batismo é abençoada para receber a força do Espírito Santo e a graça de Cristo morto e ressuscitado.

Catequista (Bênção da água): *Senhor Deus Pai Todo-Poderoso, fonte de toda a vida, criastes a água para purificar e dar vida. Abençoai esta água, criatura vossa. Concedei que jorrem sobre nós as águas da salvação para nos aproximarmos de vós com o coração puro. Dai-nos firmeza na fé e na vivência do nosso Batismo. Por Cristo, Nosso Senhor. Amém.*

Catequizando 2: Pais, padrinhos e toda a comunidade são chamados a renovar as promessas do seu Batismo, testemunhando sua fé.

Catequizando 3: No Batismo, é derramada a água batismal sobre a cabeça do batizando por três vezes. Esse gesto é acompanhado do anúncio do nome da pessoa.

Catequizando 4: As palavras-chave do Batismo são: *Eu te batizo em nome do Pai e do Filho e do Espírito Santo.*

Canto: *És água viva* (Padre Zezinho).

Catequizando 1: Logo depois do Batismo, a pessoa é ungida com o óleo do Crisma, que significa a marca do Espírito Santo. "Cristo" quer dizer "ungido", e quem é ungido com o óleo é consagrado para permanecer como membro de Cristo.

Catequizando 2: A roupa branca simboliza a veste do Cristo Ressuscitado. A roupa nova, branca, deve mostrar como está nosso coração.

Catequista: Jesus disse: "Eu sou a luz do mundo. Quem me segue não anda nas trevas." (Jo 8,12).

Todos: Jesus também disse: "Vós sois a luz do mundo. Brilhem as vossas boas obras diante dos homens, para que glorifiquem a Deus Pai" (Mt 5,14.16).

Catequizando 3: A vela acesa no Círio Pascal significa a luz de Cristo que foi acesa no coração de quem foi batizado, para que ele seja luz do mundo, como pediu Jesus.

Catequista: A primeira palavra que o novo batizado diz é "Pai". Que alegria dirigir-se ao Pai recebido no Batismo! Juntos, vamos nos dirigir a nosso Pai dizendo:

Todos: *Pai nosso, que estais nos céus...*

PROCLAMAÇÃO DA PALAVRA

Catequista: Jesus, ao se despedir dos seus discípulos e voltar à casa do Pai, deu uma ordem: eles deveriam realizar sinais que transmitissem a graça do seu amor por todos os homens e mulheres.

Vamos ouvir o que Jesus disse: Mt 28,18-20.

REFLEXÃO SOBRE A PALAVRA

Jesus sempre se dirigia a quem o ouvia como um amigo que fala a outro amigo. O que nosso amigo Jesus nos diz no texto que ouvimos?

Sugestão para contribuir com a reflexão:

- Os discípulos descobrem que, a partir daquele dia, eles anunciariam a Palavra e levariam vida, no Batismo e nos demais sacramentos.

- Em seu último gesto terreno, Jesus dá aos discípulos a missão de fazer novos discípulos entre todas as nações. Eles são enviados para batizar, em nome do Pai, e do Filho e do Espírito Santo, com a garantia de que Jesus estaria com eles todos os dias.

- Não há qualquer escolha particular e não há obrigação de aceitar. Pela vontade de Jesus, todos são chamados a ouvir sua Palavra e colocá-la em prática.

- Como pais, padrinhos, catequistas, sacerdotes, todos somos chamados a colaborar alegre e ativamente como multiplicadores de cristãos.

Catequista: Jesus deixou para todos nós, especialmente para vocês, queridos pais e padrinhos, orientações muito importantes.

Catequizando 1: Jesus disse: "Ide"; Ele nos envia em missão para fazer com que mais pessoas se tornem seus seguidores.

Catequizando 2: Jesus disse: "Fazei discípulos"; Ele quer que muitas outras pessoas sejam discípulos fiéis.

Catequizando 3: Jesus disse: "Batizai"; Ele quer que todos sejam irmãos, filhos do mesmo Pai.

Caso tenha no grupo catequizandos que serão batizados, inicie este momento com a frase: "Em pouco tempo, nossos filhos e afilhados receberão, também, o Batismo".

Catequista: Viver nosso Batismo é dar testemunho pessoal de solidariedade, justiça, misericórdia e perdão. Como gesto simbólico, convidamos os pais a molharem a mão na água perfumada e traçarem o sinal da cruz em suas frontes e nas frontes de seus filhos. Ao fazer esse gesto, cada um pense com alegria e gratidão no Batismo que recebeu, e renove sua vontade de viver plenamente o Batismo recebido.

Catequista: O Senhor nos abençoe e nos guarde.

Todos: Amém.

Catequista: Ele nos mostre a sua face e se compadeça de nós.

Todos: Amém.

Catequista: Volte para nós o seu olhar e nos dê a sua paz.

Todos: Amém.

Catequista: Abençoe-nos, Deus Todo-Poderoso, Pai e Filho e Espírito Santo. Amém.

EUCARISTIA, PÃO QUE NOS UNE A CRISTO E AOS IRMÃOS

Celebração

Objetivo

Perceber o sentido da Eucaristia para a vida cristã e o compromisso com os irmãos que dela resulta.

LEITURA ORANTE

- Prepare-se para a celebração rezando o texto: Jo 6,48-57.
- Faça uma oração pessoal agradecendo o dom de sua vida que Jesus nos dá na Eucaristia.

FUNDAMENTAÇÃO PARA O CATEQUISTA

Nos primeiros tempos da Igreja, a celebração da Eucaristia era chamada "Fração do Pão", gesto de Jesus na Última Ceia que era repetido pela comunidade dos seus seguidores (cf. At 2,42-46).

A participação na Eucaristia aumenta nossa união com Jesus e reforça os laços de caridade entre nós e Cristo, reforçando a unidade da Igreja (cf. CIgC, n. 1416).

Na celebração da Eucaristia nos reunimos como irmãos para partilhar o próprio Deus. Diante desse Mistério, nosso compromisso está na oferta do nosso esforço, nosso tempo, nossa vida, para que o Reino de Deus aconteça entre nós.

A cada vez que recebemos a Eucaristia, fazemos a experiência do amor infinito de Deus por nós, e a Ele damos nossa resposta pessoal.

A CELEBRAÇÃO

MATERIAIS

✓ Providencie diferentes pães que serão usados na celebração: pão de sal, pão doce, pão de milho, minipão, pão caseiro grande, pão velho e duro. Providencie também um prato.
✓ Vela grande ou Círio Pascal (se possível).
✓ Crucifixo.
✓ Escolha um canto de aclamação ao Evangelho bem conhecido por todos.

PREPARANDO A CELEBRAÇÃO

- Componha um espaço celebrativo colocando sobre uma mesa a vela grande (Círio Pascal, se possível) e o crucifixo. Os pães serão colocados sobre a mesa durante a celebração.
- Convide com antecedência os cinco catequizandos que irão participar como leitores.

ACOLHIDA

Catequista: Em nome do Pai e do Filho e do Espírito Santo. Amém. "Bendito o Deus e Pai de nosso Senhor Jesus Cristo, o qual nos abençoou com todas as bênçãos espirituais nos lugares celestiais em Cristo" (Ef 1,3).

Todos: Bendito seja Deus que nos reuniu no amor de Cristo!

Catequista: Queridos catequizandos, pais e padrinhos, estamos reunidos para celebrar o dom da Eucaristia, dom de si mesmo que Jesus nos deu. Para ser sinal de sua presença entre as pessoas, Jesus escolheu o pão, alimento comum em todo o mundo. Falar sobre pão é, então, falar sobre vida. Vamos recordar algumas situações da nossa vida.

A cada afirmação lida por um catequista, um catequizando traz o pão e o coloca sobre a mesa.

- "O pão de sal nos recorda os milhões de trabalhadores que lutam para conseguir dar uma vida digna às suas famílias.
- O minipão nos faz pensar nos milhares de famílias que não têm o mínimo para sobreviver.
- O pão doce nos recorda os homens e mulheres que são sinal de vida no mundo.

- O pão de milho nos lembra dos trabalhadores do campo, que lutam diariamente para que não falte o pão na mesa de todas as casas.
- O pão duro é sinal das pessoas egoístas e que não dividem nem o que têm, nem o que são.
- O prato sem pão nos recorda as pessoas que não têm comida, passam fome e frio, sem direito à saúde e sem ter onde morar."
(Adaptado de: PAIVA, 2008, p. 113-114)

Catequista: Esses pães falam sobre a nossa sociedade. Peçamos perdão a Deus por nossas faltas diante dos irmãos.

Catequizando 1: Por todas as vezes que desperdiçamos alimentos.

Refrão: Senhor, piedade! Cristo, piedade! Senhor, piedade, piedade de nós!

Catequizando 2: Por todas as vezes que não partilhamos o pão com quem precisa.

Catequizando 3: Por todas as vezes que negamos salários justos.

Catequizando 4: Por todas as vezes que não agimos como Jesus.

Catequizando 5: Por todas as vezes que negamos ajuda aos irmãos.

Catequista: Deus perdoe as nossas faltas e nos ajude a compreender que a partilha é um gesto de amor aos irmãos. Amém.

PROCLAMAÇÃO DA PALAVRA

Catequista: Jesus diz que Ele é o pão verdadeiro que alimenta nossa vida. Vamos ouvir as palavras de Jesus: Jo 6,48-57.

Após a Proclamação do Evangelho, conduza uma breve reflexão seguindo estas sugestões ou outras ideias – se possível, espontaneamente.

REFLEXÃO SOBRE A PALAVRA

Jesus diz que é o Pão da Vida, o nosso verdadeiro pão. Ele diz que seus ensinamentos, suas atitudes, sua força e seu sofrimento são alimentos para nós.

A Eucaristia é a expressão maior da vida de Jesus. É o alimento para a nossa vida, motivando experiências de amor solidário para superar o egoísmo. Quando nos alimentamos da Eucaristia, somos transformados para ter o olhar de Deus para o mundo e ajudar a fazer o banquete da Terra mais parecido ao banquete celeste, junto do Pai, do Filho e do Espírito Santo.

Eucaristia é expressão de toda uma vida partilhada, doada e entregue em função do Reino de Deus. Vida doada para que haja vida em abundância para todos. Receber a Eucaristia é receber alimento para realizarmos nossa missão seguindo os passos de Jesus.

Catequista: Jesus, quando nos ensinou a chamar Deus de "Pai", também nos ensinou a pedir o pão de cada dia; o "pão nosso", e não o "pão meu", palavras de quem entendeu o sentido da Eucaristia que Jesus nos dá. Como irmãos, rezemos juntos: *Pai nosso, que estais nos céus...*

PARTILHA

Distribua um pedaço do pão caseiro a cada participante, pedindo que esperem até que todos recebam.

Canto: *O pão da vida, a comunhão* (Padre José Weber).

Enquanto acontece a distribuição do pão, realizar o canto.

Depois diga as palavras que estão na sequência e convide para que todos comam o pão que receberam.

Catequista: Alimentados pela Palavra de Jesus, vamos partilhar o pão em sinal de que entendemos o que Ele nos pede.

Que nunca nos falte o pão de cada dia e que partilhemos com alegria com aqueles que mais precisam. Que nunca nos falte, também, a Eucaristia, dom de Jesus.

Mãe: Maria acolheu Jesus em seu ventre e em sua vida; em cada Celebração Eucarística também o acolhemos em nós. Maria deu Jesus ao mundo; nós o recebemos para torná-lo presente para os outros, como Maria. Contemplando o exemplo de nossa mãezinha Maria, queremos nos preparar para acolher Jesus em nossa vida pelo mistério da Eucaristia. Peçamos sua ajuda rezando: *Ave Maria...*

Catequista: Que Deus, nosso Pai, que nos alimenta com seu amor, esteja sempre conosco. Que Ele nos guarde e nos abençoe: Em nome do Pai e do Filho e do Espírito Santo. Amém. Louvado seja Nosso Senhor Jesus Cristo!

Todos: Para sempre seja louvado!

JESUS, EU TE ADORO!
Vigília Eucarística com catequizandos e famílias

Celebração

Objetivo

Identificar a importância de realizar momentos de intimidade com Jesus, colocando-se diante do Senhor.

LEITURA ORANTE

- Prepare-se para participar da Vigília Eucarística com seus catequizandos e familiares rezando o texto: Mt 14,15-21.

- Se possível, procure fazer um momento pessoal de Adoração ao Santíssimo em sua comunidade.

FUNDAMENTAÇÃO PARA O CATEQUISTA

Adoramos a Deus reconhecendo que Ele é Deus, Criador e Salvador, Senhor e Mestre de tudo e de todos. Adorar a Deus é reconhecer nossa pequenez de criaturas que não existem a não ser por Ele; é louvar, exaltar e confessar com gratidão suas grandes obras (cf. CIgC, n. 2096-2097).

A Adoração ao Santíssimo é um ato comunitário que nos ajuda a reconhecer na Eucaristia a presença real de Cristo. Ela nos convida a uma união mais íntima com Ele, e sua intenção deve ser provocar uma maior vivência da Celebração Eucarística. As orações, os cantos e as leituras bíblicas que constituem o momento de adoração devem levar os fiéis ao recolhimento, dedicando-se exclusivamente à intimidade com o Senhor.

Você pode conhecer um pouco mais sobre a Adoração ao Santíssimo Sacramento do Altar consultando:

LEIA PARA APROFUNDAR

- ACIDigital. Adoração Eucarística: exposição e bênção. Disponível em: https://www.acidigital.com/fiestas/eucaristia/adoracao.htm. Acesso em: 18 nov. 2021.

A CELEBRAÇÃO

MATERIAIS

✓ Velas.

✓ Toalha branca.

✓ Providencie o canto: Tão perto de mim (Padre Jonas Abib). Disponível em: https://youtu.be/iFrY8l8jXms. Acesso em: 18 nov. 2021.

PREPARANDO A CELEBRAÇÃO

✓ Faça este momento de adoração na igreja, expondo o Santíssimo Sacramento ladeado por velas sobre o altar. Se não for possível, no local do encontro, coloque uma mesa coberta com uma toalha branca para expor o Santíssimo.

✓ Convide com antecedência os catequizandos e os pais que irão ajudar como leitores.

Catequista: Queridos catequizandos, queridas famílias, é grande a alegria de estarmos juntos! Somos convidados a ficar com Jesus; o próprio Senhor vem ao nosso encontro e se deixa encontrar. Diante d'Ele, vamos nos deixar tocar por sua presença e lhe abrir nosso coração. Estamos aqui para dizer que nós o amamos, que Ele é nosso maior amigo, nosso Salvador e nosso Senhor. Estamos reunidos em nome do Pai e do Filho e do Espírito Santo. Amém.

EXPOSIÇÃO DO SANTÍSSIMO SACRAMENTO

Canto: *Eu quero adorar* (Márcio Todeschini). Disponível em: https://youtu.be/DRA6MXSmj3Y. Acesso em: 18 nov. 2021.

Catequista: Graças e louvores se deem a todo o momento! (3x, de joelhos)

Todos: Ao Santíssimo e Diviníssimo Sacramento!

MOMENTO DE SILÊNCIO

Canto: *Tão sublime sacramento* (Letra: Santo Tomás de Aquino; Música: popular).

Catequista (sentados): Queridos catequizandos, queridos familiares, diante dos nossos olhos da fé está Jesus vivo e presente na Eucaristia.

Todos: Jesus, nós cremos que tu estás presente na Eucaristia e nós te adoramos.

MOMENTO DE SILÊNCIO

Catequizando 1: Jesus, nós estamos diante de ti para te adorar, agradecer, pedir perdão e orar. Queremos te falar de nós, das nossas famílias e dos nossos amigos, de todas as pessoas que sofrem e especialmente as mais necessitadas.

Catequizando 2: Nós te pedimos, Jesus, por tua Igreja e pelas pessoas em todo o mundo que ainda não te conhecem.

Catequizando 3: Jesus, tu disseste "Amai-vos uns aos outros"; ensina-nos a amar de verdade e a deixar de lado o egoísmo.

Todos: Ensina-nos, Jesus, a pensar nos outros e a amar, como tu fazias, principalmente os que não são amados.

Canto: *Eu vos dou um novo mandamento* (Padre Ney Brasil).

Catequista: Muitas pessoas não creem em Jesus e deixam o coração d'Ele triste com atitudes e palavras. Vamos dizer juntos:

Todos: Meu Deus, eu creio, adoro, espero e vos amo. Peço-vos perdão pelos que não creem, não adoram, não esperam e não vos amam.

Catequista: Vamos juntos dizer a Deus o quanto queremos ficar perto d'Ele, cantando com o salmista.

Salmo 62(61)

Todos: A minh'alma tem sede de vós, como a terra sedenta, ó meu Deus!

PROCLAMAÇÃO DA PALAVRA

Catequista: Um dia, Jesus estava diante de uma multidão com fome e sem ter o que comer. Vamos ouvir o que Ele ensinou: Mt 14,15-21.

Fiquemos em silêncio, refletindo sobre a Palavra que ouvimos para guardá-la em nosso coração.

REFLEXÃO SOBRE A PALAVRA

Jesus abençoa os pães como fez na Última Ceia, declarando assim que toda partilha é um ato eucarístico, um ato que faz visível a presença de Deus.

Partir e distribuir o pão não é mágica. O grande milagre está na partilha. Partilhar é um gesto divino, e nossa vocação de cristãos consiste, na verdade, em sermos pão repartido, unidos a Jesus, para que todos no mundo tenham vida. Do mistério eucarístico nasce o serviço da caridade para o próximo, que "consiste precisamente no fato de eu amar, em Deus e com Deus, a pessoa que não me agrada ou que nem conheço sequer" (DCE, n. 18). Isso só acontece a partir do encontro íntimo com Deus, que ensina a olhar o outro segundo a perspectiva de Jesus e a reconhecer, em cada pessoa, um irmão pelo qual o Senhor deu a sua vida.

O pão é um alimento que pode ser guardado e se mantém conservado; Jesus quis ficar entre nós sob a espécie de pão para ser conservado no Sacrário e tornar-se presente entre nós. Na adoração, Ele nos convida a nos aproximarmos e conversarmos com Ele, pedindo aquilo de que necessitamos e experimentando a graça do seu amor.

AGRADECIMENTO

Catequista (de pé)**:** É muito difícil e muito triste viver quando se tem fome. E não é só o nosso corpo que sente fome, nossa alma também precisa ser alimentada para enfrentarmos as dificuldades da vida e seguirmos vivendo com esperança. Jesus sabe tudo de que precisamos! Ele quis ser o alimento e o companheiro de cada pessoa, e de toda a sua Igreja, no caminho para o Pai. Na Eucaristia, Jesus está vivo no meio de nós, caminha ao nosso lado para nos unir uns aos outros e para nos fazer viver em comunhão em uma única grande família. Por isso agradecemos.

Catequizando 1: Por teu amor tão grande por nós.

Todos: Obrigado, Jesus.

Catequizando 2: Por querer estar sempre ao nosso lado.

Todos: Obrigado, Jesus.

Catequizando 3: Por estar conosco, mesmo quando nos esquecemos de ti.

Todos: Obrigado, Jesus.

Catequizando 4: Por tua vida, entregue por nós.

Todos: Obrigado, Jesus.

Canto: *Tu és minha vida* (1ª estrofe, Associação do Senhor Jesus, CD 4).

Catequista: Em silêncio, vamos conversar com Jesus dizendo o que trazemos em nosso coração e deixando que Ele fale conosco. Em suas mãos, cheios de confiança, coloquemos nossas necessidades, nossas dúvidas, nossa vida. Neste silêncio, queremos ouvir Jesus.

(Momento de silêncio.)

ATO DE LOUVOR (de joelhos)

Bendito seja Deus.
Bendito seja seu santo nome.
Bendito seja Jesus Cristo, verdadeiro Deus e verdadeiro homem.
Bendito seja o nome de Jesus.
Bendito seja o seu sacratíssimo Coração.
Bendito seja seu preciosíssimo Sangue.
Bendito seja Jesus Cristo no Santíssimo Sacramento do Altar.
Bendito seja o Espírito Santo, Paráclito.
Bendita seja a grande Mãe de Deus, Maria Santíssima.
Bendita seja a sua gloriosa assunção.
Bendita seja a sua santa e Imaculada Conceição.
Bendito seja o nome de Maria, Virgem e Mãe.
Bendito seja São José, seu castíssimo esposo.
Bendito seja Deus nos seus anjos e nos seus santos.

Catequizando 1: Diante de ti, Jesus, queremos nos lembrar também de Maria, tua mãe e nossa mãezinha do Céu. Agradecidos por ela ter dito "sim" a Deus para ser a mãe do seu Filho, pedimos:

Todos: Maria, mãe de Jesus e nossa mãe, leva-nos a teu Filho Jesus!

Ave Maria, cheia de graça...

(Recolhimento do Santíssimo Sacramento.)

BÊNÇÃO FINAL

Catequista: Jesus quis sentir a experiência de uma família humana; peçamos a Ele por nossas famílias. Nossa resposta será:

Todos: Guarda, Senhor, a nossa família em teu coração.

Pai: Tu, que consagraste a vida doméstica, vivendo sob a autoridade de Maria e José, santifica nossas famílias com a tua presença.

Mãe: Tu, que foste sempre dedicado aos interesses do Pai, faze que Deus seja sempre adorado e glorificado em todas as famílias.

Pai: Tu, que em Caná da Galileia alegraste uma família com o teu primeiro milagre, convertendo a água em vinho, transforma em alegria os sofrimentos e as preocupações de nossas famílias.

Mãe: Tu, que fizeste da tua família um exemplo de oração, amor e obediência ao Pai celeste, santifica nossas famílias com a tua graça.

Pai: Porque somos realmente filhos de Deus, vamos dizer com confiança a oração que o próprio Jesus nos ensinou:

Todos: *Pai nosso, que estais nos céus...*

Catequista: Nosso Senhor Jesus Cristo, que viveu com a sua família em Nazaré, esteja sempre presente em cada família, defendendo-a de todo o mal e concedendo a graça de sermos um só coração e uma só alma.

Todos: Amém.

Catequista: Louvado seja Nosso Senhor Jesus Cristo!

Todos: Para sempre seja louvado!

Canto: *Daqui do meu lugar* (Padre Zezinho).

LISTA DE SIGLAS E ABREVIATURAS

AL – Exortação apostólica *Amoris Laetitia*

CNBB – Conferência Nacional dos Bispos do Brasil

CIgC – Catecismo da Igreja Católica

CR – Catequese Renovada

ChV – Exortação apostólica *Christus Vivit*

DC – Diretório para a Catequese

DCE – Carta Encíclica *Deus Cáritas Est*, sobre o amor cristão

DV – Constituição dogmática *Dei Verbum*

DOCAT – Doutrina Social da Igreja

DAp – Documento de Aparecida

DGAE – Diretrizes Gerais da Ação Evangelizadora da Igreja no Brasil 2019-2023

EG – Exortação apostólica *Evangelium Gaudium*

EM – Decreto *Ecclesia Mater*

FT – Carta encíclica *Fratelli Tutti*

GeE – Exortação apostólica *Gaudete et Exsultate*

GS – Constituição pastoral *Gaudium et Spes*

IGMR – Instrução Geral do Missal Romano

LG – Constituição dogmática *Lumen Gentium*

LS – Carta encíclica *Laudato Si'*

MC – Exortação apostólica *Marialis Cultus*

MV – Bula de proclamação do jubileu da misericórdia *Misericordiae Vultus*

RM – Carta encíclica *Redemptoris Mater*

RICA – Ritual da Iniciação Cristã de Adultos

SC – *Sacrosanctum Concilium*

REFERÊNCIAS

ACIDigital. *Confessar-se não é ir à lavanderia, mas receber o abraço de amor de Deus, diz o Papa*. 22 mar. 2018. Disponível em: https://www.acidigital.com/noticias/confessar-se-nao-e-ir-a-lavanderia-mas-receber-o-abraco-de-amor-de-deus-diz-o-papa-64416. Acesso em: 17 nov. 2021.

ALMEIDA, A. P. A. (Mons.). *Meditações e homilias*. Maringá: Mitra Arquidiocesana de Maringá, 2016.

AQUINO, F. *Escravos do pecado*. Disponível em: https://formacao.cancaonova.com/igreja/catequese/escravos-do-pecado/. Acesso em: 9 jul. 2020.

BENTO XVI. *Deus Caritas est*: Carta encíclica sobre o amor cristão. Disponível em: https://www.vatican.va/content/benedict-xvi/pt/encyclicals/documents/hf_ben-xvi_enc_20051225_deus-caritas-est.html. Acesso em: 7 jun. 2021.

BENTO XVI. *Sacramentum Caritatis*: Exortação apostólica sobre a Eucaristia, fonte e ápice da vida e da missão da Igreja. 22 de fevereiro de 2007. Disponível em: http://www.vatican.va/content/benedict-xvi/pt/apost_exhortations/documents/hf_ben-xvi_exh_20070222_sacramentum-caritatis.html. Acesso em: 18 nov. 2021.

BÍBLIA *Sagrada*. Edição da família: Antigo e Novo Testamentos. Tradução: vários. Petrópolis: Vozes, 2005.

BUCCIOL, A. (Dom). *Sinais e símbolos, gestos e palavras na liturgia*: para compreender e viver a liturgia. Brasília: CNBB, 2019.

CANTINHO DOS ANJOS. *Missa de 15 de março de 2020*. Disponível em: http://blogdocantinhodosanjos.blogspot.com/search?q=Samaritana. Acesso em: 20 ago. 2020.

CATECISMO *da Igreja Católica*. Petrópolis: Vozes, 1993.

CATEQUISAR. *Maria, mãe da Igreja*. Disponível em: http://www.catequisar.com.br/texto/maria/reflexao/22.htm. Acesso em: 22 mar. 2020.

CATEQUISTAS BRASIL. *O que devo rezar diante do Santíssimo Sacramento*. Disponível em: https://catequistasbrasil.com.br/o-que-devo-rezar-diante-do-santissimo-sacramento. Disponível em: 7 jun. 2021.

CELAM. *Documento de Aparecida*. Brasília: CNBB, 2007.

CELAM. *Documento de Puebla*. Brasília: CNBB, 1979.

CNBB. *Diretrizes Gerais da Ação Evangelizadora da Igreja no Brasil*: 2019--2023. Brasília: CNBB, 2019.

COMISSÃO EPISCOPAL PASTORAL PARA A LITURGIA. *Liturgia e evangelização*. Brasília: CNBB, 2018. (Coleção Sendas, v. 12).

CONCÍLIO VATICANO II. *Lumen Gentium*: Constituição dogmática sobre a Igreja. São Paulo: Paulinas, 2011.

CONFERÊNCIA EPISCOPAL AUSTRÍACA. *DOCAT*: Como agir? São Paulo: Paulus, 2016.

CONGREGAÇÃO PARA O CULTO DIVINO. Missal Romano. 12. ed. São Paulo: Paulus,1997.

EIXO DO LEITOR CRATEÚS. *Tipos de abraços*. Disponível em: https://eixodoleitorcrateus.blogspot.com/2016/06/dinamica-tipos-de-abracos.html. Acesso em: 15 jul. 2020.

FERNANDES, M. *Provérbios e ditados*. Disponível em: https://www.todamateria.com.br/proverbios-e-ditados/. Acesso em: 7 jun. 2021.

JOÃO PAULO II. *Redemptoris Mater:* Carta encíclica sobre a Mãe do Redentor. São Paulo: Paulinas, 2010.

KNUPP, L. *Eucaristia, escola de partilha!* Texto distribuído no Retiro da Catequese com Adultos na Paróquia Catedral de Maringá. Maringá, 2012.

PAIVA, V. *Catequese e liturgia*: duas faces do mesmo Mistério. São Paulo: Paulus, 2008.

PAPA FRANCISCO. *Angelus*. Disponível em: http://w2.vatican.va/content/francesco/pt/angelus/2017/documents/papa-francesco_angelus_20170917.html. Acesso em: 21 ago. 2020.

PAPA FRANCISCO. *Laudato Si'*: Carta encíclica sobre o cuidado da casa comum. Brasília: Edições CNBB, 2015.

PAPA FRANCISCO. *Misericordiae Vultus*. Bula de proclamação do Jubileu Extraordinário da Misericórdia. São Paulo: Paulinas, 2015.

PARÓQUIA SÃO FRANCISCO DE ASSIS. *Sejam pedras vivas da Igreja*. Disponível em https://paroquiavila.com.br/audiencia-geral-sejam-pedras-vivas-da-igreja.html. Acesso em: 24 ago. 2020.

PAULO VI. *Marialis Cultus*: Exortação apostólica para a reta ordenação e desenvolvimento do culto à bem-aventurada virgem Maria. 2 de fevereiro de 1974. Disponível em http://www.vatican.va/content/paul-vi/pt/apost_exhortations/documents/hf_p-vi_exh_19740202_marialis-cultus.html. Acesso em: 16 nov. 2021.

PONTÍFICIO CONSELHO PARA A PROMOÇÃO DA NOVA EVANGELIZAÇAO. *Diretório para a catequese*. Brasília: Edições CNBB, 2020.

PORTAL DAS CEBs. *"Em tua casa irei celebrar a ceia pascal..."* Disponível em: http://portaldascebs.org.br/2020/04/08/em-tua-casa-vou-celebrar-a-ceia-pascal-por-pe-adroaldo/. Acesso em: 29 abr. 2020.

REDAÇÃO A12. *Ano Santo convida a abandonar o egoísmo para reconhecer a misericórdia*. 09 dez. 2015. Disponível em: https://www.a12.com/redacaoa12/santo-padre/a-alegria-de-deus-e-perdoar-diz-papa-na-catequese. Acesso em: 17 nov. 2021.

SAGRADA CONGREGAÇÃO PARA O CULTO DIVINO. *Ritual da Iniciação Cristã de Adultos*. Tradução portuguesa para o Brasil da edição típica. São Paulo: Paulinas, 2003.

SECRETARIADO NACIONAL DE LITURGIA. *Catequeses para a Iniciação Cristã dos Adultos*. Fátima, Portugal: Secretariado Nacional de Liturgia, 2016.

VATICAN NEWS. *Decreto sobre a Memória de Maria, Mãe da Igreja*. Disponível em: https://press.vatican.va/content/salastampa/it/bollettino/pubblico/2018/03/03/0168/00350.html#portD. Acesso em: 16 nov. 2021.

VATICANO. *Papa institui a memória de Maria "Mãe da Igreja" no calendário litúrgico*. Disponível em: https://www.vaticannews.va/pt/vatica no/news/2018-03/memoria-de-maria-mae-da-igreja-papa-francisco.html. Acesso em: 22 mar. 2020.

VIDA PASTORAL. *Os eixos do perdão*: lembrar, esquecer e perdoar e a catequese para a misericórdia. Disponível em: https://www.vidapastoral.com.br/ano/os-eixos-do-perdao-lembrar-esquecer-e-perdoar-e-a-catequese-para-a-misericordia/. Acesso em: 20 jul. 2020.

Conecte-se conosco:

 facebook.com/editoravozes

 @editoravozes

 @editora_vozes

 youtube.com/editoravozes

 +55 24 2233-9033

www.vozes.com.br

Conheça nossas lojas:
www.livrariavozes.com.br

Belo Horizonte – Brasília – Campinas – Cuiabá – Curitiba
Fortaleza – Juiz de Fora – Petrópolis – Recife – São Paulo

  Vozes de Bolso

EDITORA VOZES LTDA.
Rua Frei Luís, 100 – Centro – Cep 25689-900 – Petrópolis, RJ
Tel.: (24) 2233-9000 – E-mail: vendas@vozes.com.br